学术近知丛书·历史与文化系列

巴彦塔拉辽墓研究

BAYANTALA LIAOMU YANJIU

李明华 著

人民出版社

图 1　发掘前地貌图

图 2　发掘结束平面图

图 3　一号墓

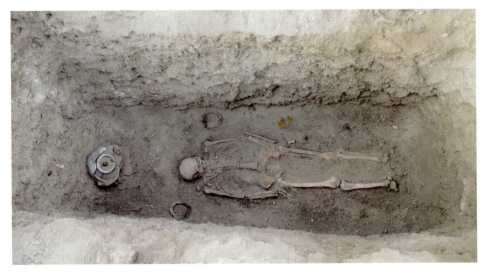

图 4　二号墓

图 5　一号墓出土铁环

图 6　一号墓出土鹿角器

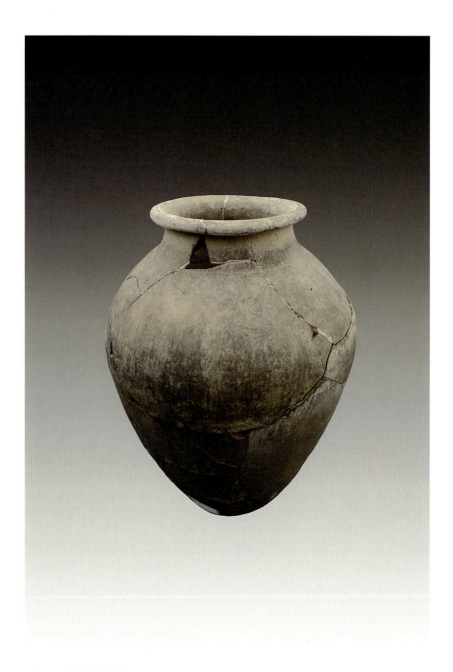

图7　二号墓出土矮领罐（M2：1）

图 8　二号墓出土铁矛（M2：2）

图 9　二号墓出土铁刀（M2：3）

图 10　二号墓出土铁铲（M2：4）

图 11　二号墓出土铁镞（M2：5）

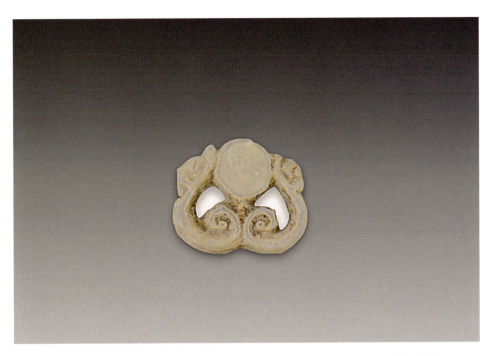

图 12　二号墓出土帽饰（M2∶6）

图 13　二号墓出土铁马镫（M2∶7）

图 14　三号墓

图 15　三号墓人骨火烧情况

图 16　三号墓编织物出土情况

图 17　三号墓陶器出土情况

图 18　三号墓铁器出土情况

图 19　三号墓出土球腹罐（M3 : 1）

图 20　三号墓出土铁刀（M3 : 2）

图 21　三号墓出土铁匕首（M3：3）

图 22　三号墓出土铁镞（M3：4）

图 23　三号墓出土箭囊架（M3：5）（上：正面；下：背面）

图 24　三号墓出土编织物（M3：6）

图 25　三号墓出土砺石（M3：7）

图 26　三号墓出土铁棺钉

图 27　四号墓

图 28　四号墓陶罐出土情况

图 29　四号墓瓷碗出土情况

图 30　四号墓铁器出土情况

图 31　四号墓出土矮领罐（M4：1）

18

图 32　四号墓出土敞口罐（M4：2）

图 33　四号墓出土瓷碗（M4：3）

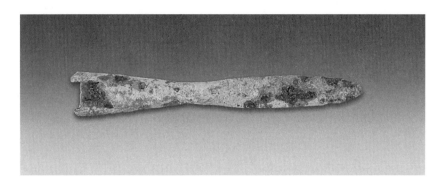

图 34　四号墓出土铁矛（M4：4）

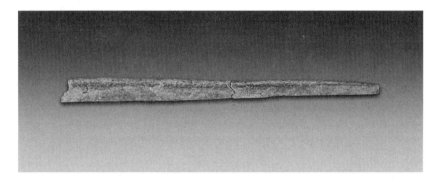

图 35　四号墓出土骨刀（M4：5）

图 36　四号墓出土铁镞（M4：6）

图 37　四号墓出土铁刀（M4：7）

图 38　四号墓出土箭囊架（M4：8）

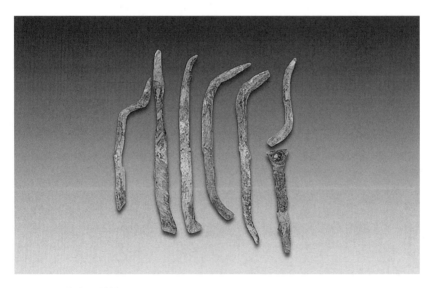

图 39　四号墓出土铁棺钉

图 40　四号墓出土马骨

图 41　五号墓铁刀出土情况

图 42　五号墓

图 43　五号墓出土高领罐及刻划符号（M5：1）

24

图 44　五号墓出土无领罐（M5：2）

图 45　五号墓出土金环（M5：3）

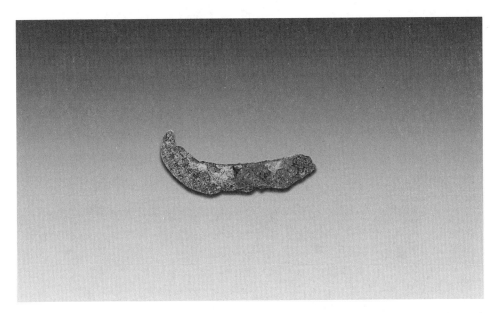

图 46　五号墓出土铁刀（M5：4）

图 47　五号墓出土敞口罐（M5：5）

图 48　六号墓

图 49　六号墓铁镞出土情况

图 50　六号墓出土矮领罐及刻划符号（M6∶1）

图 51　六号墓出土无领罐（M6：2）

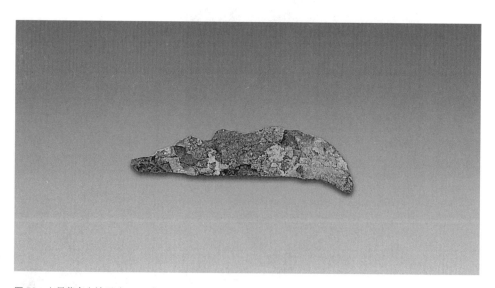

图 52　六号墓出土铁刀（M6：3）

图 53　六号墓出土铁镞（M6：4）

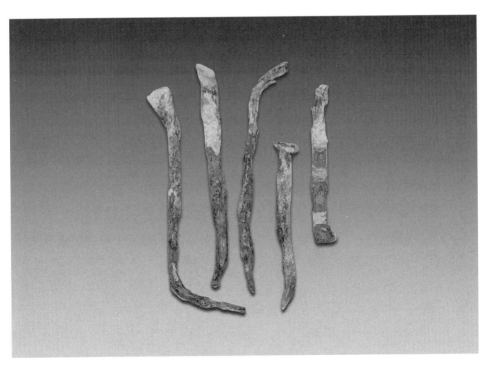

图 54　六号墓出土棺钉

图 55　七号墓出土仿盘口瓜棱壶（M7：1）

图 56　七号墓出土鼓腹罐（M7：2）

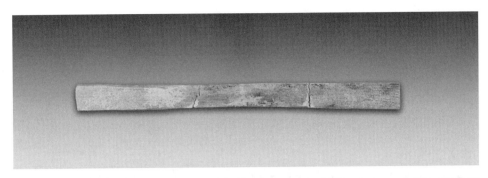

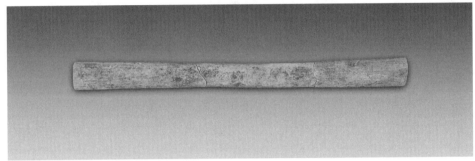

图 57　七号墓出土箭囊架（M7：3）（上：正面；下：背面）

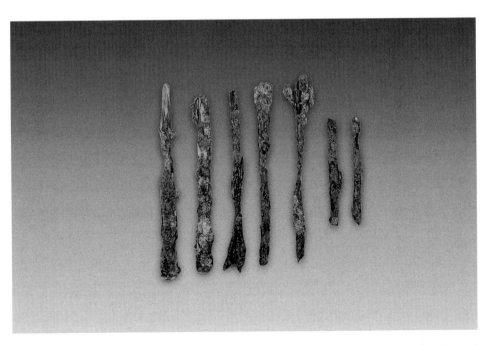

图 58　七号墓出土平头铁镞（M7：4）

图 59　七号墓出土铲形铁镞（M7：5）

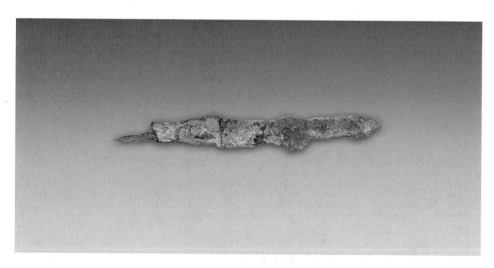

图 60　七号墓出土铁刀（M7：6）

33

图 61　七号墓出土棺钉

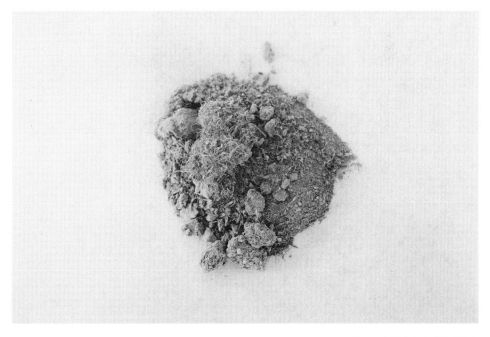

图 62　七号墓出土毛毡残留物

图 63　八号墓

图 64　八号墓出土矮领罐及刻划符号（M8：1）

图 65　八号墓出土双系无领罐（M8：2）

图 66　八号墓出土铁鼎（M8：3）

图 67　八号墓出土瓷碗（M8：4）

图 68　八号墓出土骨环（M8：5）

图 69 八号墓出土箭囊架（M8：6）

图 70 八号墓出土铁斧（M8：7）

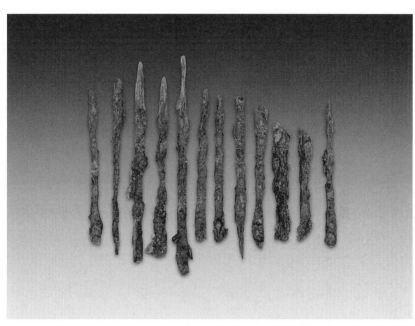

图 71　八号墓出土铁镞（M8：8）（上：A 型；下：B 型）

图 72　八号墓出土铁矛（M8：9）

图 73　八号墓出土棺钉

图 74　九号墓

42

图 75　九号墓出土敞口罐（M9：1）

图 76　九号墓出土绿松石项饰

目　录

正文图片目录

插图目录

概　述

　　巴彦塔拉辽墓位于内蒙古赤峰市巴林右旗巴彦塔拉苏木，2011年七八月间，为配合集通铁路复线建设工程，受内蒙古自治区文物与考古研究所委托，赤峰学院历史文化学院2010级考古学专业师生对该遗址进行了抢救性发掘。此次发掘布设 10 米 ×10 米探方 12 个，揭露总面积为 1200 平方米，在其北侧调查过程中发现一片墓葬群，也同时进行了清理。

第一章 地理环境与历史沿革

（一）地理环境

　　赤峰地区位于中纬度，属于中温带的大陆性季风气候区，冬季漫长而寒冷，春季干旱多大风，夏季短促炎热、雨水集中，秋季短促、气温下降快、霜冻降临早。赤峰市年降水量的地理分布受地形影响十分明显，东南来的暖湿气流受努鲁尔虎山和七老图山的地形抬升作用，使锦山、新惠、天义等南部地区的年降水量达到400毫米以上。暖湿气流继续北进，到西辽河流域时，一方面暖湿气流中的水汽减少，另一方面它与翻越大兴安岭的下沉增温变性的冷空气相遇，致使空气中的水汽不能冷却到凝结的温度形成降水，故这些地区降水明显减少。当暖湿气流继续往北推进，遇到大兴安岭阻挡时，地形抬升作用又使大兴安岭的迎风坡和岭上降水增多。蒸发量的分布与降水量相反，在少雨地区，由于日照充足，地表植被稀疏，所以蒸发旺盛。由于年蒸发量远大于年降水量，致使空气干燥，干旱严重。

　　巴林右旗位于内蒙古自治区赤峰市北部，地处西拉木伦河北岸，大兴安岭南段山麓，是大兴安岭与燕山山地交接过渡地带，地貌由山地、丘陵、沙地组成；地貌类型由西北部中山山地逐渐过渡到东南部低山丘陵和倾斜冲积平原，呈明显的地域差异。地势西北高，东南低；境内北部为中山地区，海拔1350—1950米，占总面积的37%，中部为低山丘陵区，海拔800—1200米，占总面积的32%，南部为冲积平原区，海拔 400—500 米，占总面积的 31%。沙丘多为西北—东南走向，呈条垄形，相对高度 5—15 米。有大小山峰 320 余座，山石质多为青砂岩，北部山地山脉多东西走向，中部和南部山脉南北走向。遗址所在地的巴彦塔拉苏木一部分地处北部中山山地，地势较高，中山广布，主要是低山丘陵，山地与丘陵、沟谷相间，山体浑圆，坡缓谷宽，海拔 800—1200 米，相对高度 200—700 米，坡度在 10—15 度。①

巴林右旗地处中纬度地区，属于温带半干旱大陆性季风气候，光照充足，水热同期，积温有效率高，四季分明。春季干旱，多大风；夏季短促炎热，雨量集中；秋季气温下降快，霜冻降临早；冬季漫长而寒冷，降雪量少。全年平均气温 4.9℃。1 月份最冷，平均气温零下 13.7℃；7 月份，平均气温 22.2℃；无霜期 125 天左右，大部分地区降水量在 358 毫米。河流 26 条，属于西辽河流域的西拉木伦河水系。

巴林右旗自然资源丰富，有丰富的矿产资源和土地资源。已探明的矿藏有 25 种。哺乳动物 37 种，野生动物主要有虎、豹、鹿、狍、貉、狼、狐、黄羊、青羊、猞猁、獾、獭等。鸟类共 151 种，昆虫类 574 种，鱼类主要有 7 种。野生植物主要有木本类植物、药用植物、观赏植物等 12 类。

"巴彦塔拉"一词在蒙语里译为"富饶"之意，从古至今这里拥有适合草原民族生活的自然环境，从地理位置看，这里有西拉木伦河的支流流过，经过巴彦汉苏木一直流向巴彦塔拉苏木。附近村落有巴拉嘎斯台、古日古乐台、巴彦查干、哈拉嘎图、巴润锡热、哈日根塔拉、巴彦汉等，这些名称译为汉语的意思分别为"柳条茂盛的地方"、"雉鸡多的地方"、"富饶的地方"、"野草茂密的地方"、"西边草木茂盛地"、"杏树地"、"富裕的汗"（蒙文的"汉"与"汗"读音相同）。

---

① 巴林右旗地方志编纂委员会：《巴林右旗志（1987—2006 年）》，内蒙古人民出版社 2010 年版。

（二）历史沿革

"巴林"是"巴阿里歹"名称演变而来，是蒙古语"捉拿"或"俘获"的意思。巴林右旗东西 154 千米，南北 139 千米，人口密度 18 人 / 平方千米。

巴林右旗历史悠久，发现有新石器时代和青铜时代文化遗存。西周至秦时期，今巴林右旗境为燕、秦长城塞外地，主居民族为山戎、东胡族。两汉时期，今巴林右旗境为汉右北平郡塞外地，为匈奴左地东胡卢王所辖，主居民族为汉族及东胡后裔乌桓、鲜卑族。三国至西晋时期，今巴林右旗境属幽州外域拓跋鲜卑，乃拓跋左翼部酋猗卢驻牧地，公元 315 年，西晋封拓跋猗卢为代王，治盛乐（今内蒙古自治区和林格尔县境内）。东晋至北朝时期，今巴林右旗境属拓跋鲜卑。隋唐时期，今巴林右旗境隋为霫地，唐为宇文鲜卑后裔奚及契丹地，隶属于唐河北道松漠都督府。辽代，今巴林右旗境属上京临潢府饶州。金代属临潢府路临潢府。蒙古及元朝初期，为辽王耶律留哥所辖，忽必烈建立元朝后，隶属中书省全宁路。明前期，以查干沐伦河为界，界西边北、南两小部分属北元蒙古鞑靼部，界东属明朝外藩兀良三卫之一泰宁卫；永乐二年（公元 1404 年），明朝重建三卫后，今巴林右旗境仍属泰宁卫，为奴尔干都司左军都督府辖。明嘉靖二十九年（公元 1550 年），北元察哈尔部迁至西拉木伦河流域，今巴林右旗境为北元大汗行都所在地。明天启七年（公元 1627 年），北元林丹汗率部西迁，今巴林右旗境为喀尔喀五部之一的巴林部驻牧地。明崇祯元年（公元 1628 年），巴林部台吉色特尔率子色布腾、侄色棱及满珠习礼归服后金；后金天聪八年（公元 1634 年），后金将巴林部分为右左二翼，明确巴林部四至八界，巴林部始定居于此。清顺治五年（公元 1648 年），清王朝设理藩院，统管边疆地区，在蒙古建旗制，编佐领，将巴林部分为巴林右翼旗和巴林左翼旗，旗下设佐领（亦称苏木）；旗以上设盟，巴林右翼旗属于昭乌达盟；乾隆三年（公元 1738 年），建乌兰哈达通判厅，乾隆四十三年（公元 1778 年），建热河道，改乌兰哈达厅为赤峰县，巴林右翼旗属热河道赤峰县。1933 年巴林右翼旗属伪兴安西省；1946 年 3 月成立昭乌达省时，巴林右翼旗属昭乌达省。1947 年 5 月 1 日内蒙古自治区人民政府成立，昭乌达盟临时行政委员会改建为昭乌达盟人民政府，巴林右翼旗建立旗人民政府。1969 年 7 月 1 日，昭乌达盟划归辽宁省管辖，旗归属之。1979 年 5 月，随着昭乌达盟归属内蒙古自治区。1984 年，昭乌达盟改建为赤峰市，巴林右旗属赤峰市辖。

2006 年，苏木乡镇机构改革后，全旗行政区划为 3 个苏木、5 个镇，即巴彦塔拉苏木、幸福之路苏木、西拉木伦苏木、大板镇、宝日勿苏镇、查干诺尔镇、查干沐伦镇和索博日嘎镇，大板镇是巴林右旗人民政府所在地。①

---

① 巴林右旗地方志编纂委员会：《巴林右旗志（1987—2006 年）》，内蒙古人民出版社 2010 年版。

第二章　巴彦塔拉遗址发掘情况

　　巴彦塔拉遗址位于赤峰市巴林右旗巴彦塔拉苏木塔班嘎查 1 千米处（原巴彦塔拉苏木所在地东南 500 米处），集通铁路北侧的平地上（图 1）。遗址坐标：北纬 43°40′59″，东经 118°51′10″，经巴林右旗博物馆第三次全国文物普查时发现；遗址东西长约 70 米、南北宽约 60 米，总面积约 4200 平方米。（彩版一）在遗址东侧的取土坑内

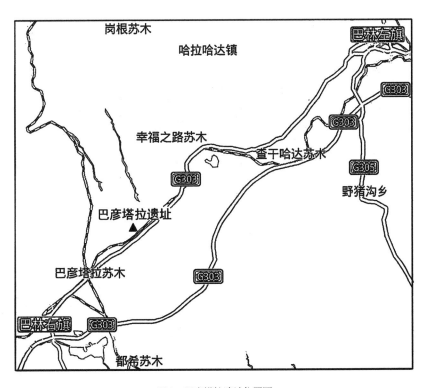

图 1　巴彦塔拉遗址位置图

和坑边发现属于辽代的陶片。

此次发掘布设 10 米 ×10 米探方 12 个，揭露总面积为 1200 平方米，因在其北侧调查发现一片墓葬群，故对该遗址定为 2011BB Ⅰ 区。Ⅰ 区清理灰坑 51 个，灶 1 个，沟 4 条，出土石器、铜器、骨器等四十余件，同时，还出土了大量的动物骨骼。在发掘过程中，对每个发掘遗迹进行了系统提取土样，并对这些土样进行了植物浮选工作，发现了大量的炭化植物遗存。

在对 Ⅰ 区发掘过程中，对遗址周边进行系统调查时，在 Ⅰ 区遗址北 100 米左右，发现一片墓葬群，该墓葬群位于一缓坡台地上，墓葬群在集通铁路建设工程过程中已经被辟为采石场，据当地村民介绍，在采石过程中经常见到陶罐、刀、剑等。我们在调查时，在采石场剖面发现一座已经被破坏的墓葬。在对 Ⅰ 区发掘完毕后，对该墓葬群进行发掘，该墓葬群编号定为 2011BB Ⅱ 区，布设 5 米 ×5 米探方 14 个，扩方 2 米 ×2 米探方 1 个，发掘面积为 354 平方米，清理墓葬 9 座。(彩版二)

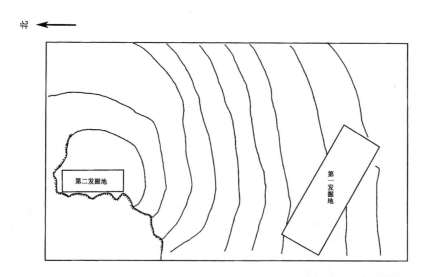

图 2　巴彦塔拉遗址地形图

第三章　巴彦塔拉墓葬发掘情况

　　根据各探方的发掘情况来看，遗址地层堆积较简单，第一层为耕土层，黑褐色土，厚 10 厘米至 20 厘米，地表可见到陶片等遗物。第二层为文化层，亦为黑褐色土，土质松软，各地点的厚度不同，厚 2 厘米至 150 厘米。第三层为生土层。墓葬区的地层未经扰乱，层位关系为在熟土层下打破生土层。巴彦塔拉墓地的 9 座墓葬，分布较为集中，排列有序，不存在打破关系，似是一处经过布局的墓地，基本都为东北—西南走向。大多为竖穴土坑木棺墓，出土陶器、铁器、金器、骨器等三十余件。

北

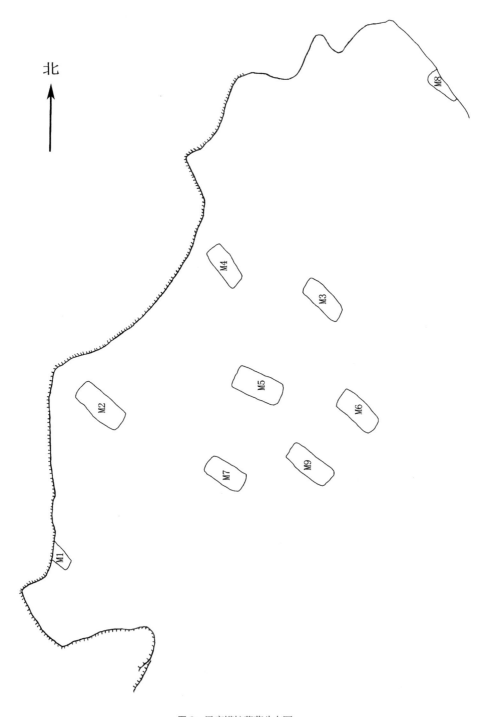

图 3 巴彦塔拉墓葬分布图

一、墓葬发掘情况

（一）一号墓

M1 位于墓地西南端的一处坡地上，其西为现代采石沟，该墓的一半已被现代采石施工所破坏，仅存墓主腰部以下部位。墓葬位于熟土层下，打破生土层。

1. 墓葬形制

墓口距地表 45 厘米，口残长 70 厘米、宽 55 厘米，墓底距地面 110 厘米，底残长 60 厘米、宽 43 厘米。墓向为 340°，残存墓室结构为长方形土坑竖穴墓。墓内填土为一层灰褐色五花土，其中杂有石块。

2. 葬具与葬式

由于之前采石场施工，墓葬被破坏，棺木无存，保存状况较差，仅发现人骨架的下半截，为仰身直肢葬式，未发现随葬品。在墓葬的填土中发现一件骨器和一件金属器。（图 4；彩版三）

3. 出土遗物

（1）金属器

铁环 3 件。M1：2，环的截面呈圆形，其中两个环锈蚀在一起，

0　　10　　20　　30厘米

图4　M1平面图

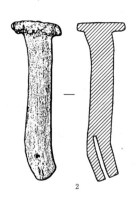

1

2

1、2.　0　　2厘米

图5　M1出土器物
1.铁环（M1∶2）2.鹿角（M1∶1）

一件残断，两环大小一致，外径 5 厘米、内径 3 厘米；第三件环较小，上套一环扣，环扣末端折弯，外径 3.1 厘米、内径 2 厘米，环扣长约 3.5 厘米。（图 5.1；彩版四）

（2）骨器

鹿角饰 1 件。M1：1，所用鹿角为靠近头骨根部、带角盘的部位，末端斜向切割并磨平，在距离磨平一端 1.5 厘米处有一钻孔，骨管中间也钻出了一直径约 0.5 厘米的孔，两者可以联通，但在骨壁的另一侧没有钻通。长 11.4 厘米、直径约 1.6 厘米。（图 5.2；彩版五）

（二）二号墓

M2 位于熟土层下，打破生土层，没有扰乱现象。

1. 墓葬形制

墓口距地表 33 厘米，口长 300 厘米、宽 120 厘米，墓底距地面 170 厘米，底长 276 厘米、宽 96 厘米。墓室方向为 312°，墓室结构为土坑竖穴墓，墓内填土为一层灰褐色土。

2. 葬具与葬式

葬具为木棺，墓内出土人骨架一具，头向西北，面向西，为仰身直肢葬式，人骨保存完好。

在墓主人的头上方发现一残破陶罐，在陶罐的左侧发现一件铁矛，在墓主人的左肩旁放置一件铁马镫，头部右侧也有一件铁马镫，左脚下发现一件铁铲。（图 6；彩版六）

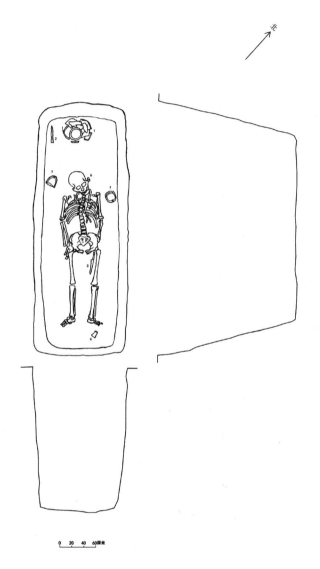

0　20　40　60厘米

图6　M2平、剖面图

1. 矮领罐 2. 铁矛 3. 铁刀 4. 铁铲 5. 铁镞 6. 帽饰 7. 铁马镫（2件）

3. 出土遗物

（1）陶器

矮领罐 1 件。**M2：1**，泥质陶，器表呈不均匀的灰黑色，胎质为

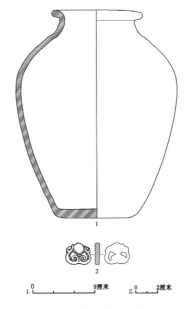

图 7　M2 出土陶器、玻璃器
1. 矮领罐（M2∶1）2. 帽饰（M2∶6）

红褐色。圆唇，口沿外翻至颈部，短颈，颈与肩相接合处有一周不甚明显的棱，溜肩，斜直腹，平底；素面，器表略经磨光，内壁不光滑。口径 13.1 厘米、腹径 23.5 厘米、底径 12.5 厘米、通高 29.2 厘米。（图 7.1；彩版七）

（2）金属器

铁矛 1 件。M2∶2，出土于死者头骨左侧紧贴墓壁处；矛身为柳叶形，中间略起脊，横截面呈菱形；柄为銎口，与矛身相连接处束腰；通长 21 厘米、柄长 11 厘米，矛身最宽处 2.7 厘米，束腰处 1.7 厘米，銎口径 2.4 厘米。（图 8.1；彩版八）

铁刀 1 件。M2∶3，分刀身与刀柄两部分，刀身接近刀柄处隆起，呈椭圆状阶梯形；刀背直形，刀刃呈弧形斜收至刀尖处；刀柄细长，至末端变尖；全长 23 厘米，刀身最宽处 2.4 厘米，刀背厚 0.4 厘米，柄长 11.5 厘米。（图 8.2；彩版九）

铁铲 1 件。M2∶4，楔形，束腰，弧刃，扁圆銎；通长 8.5 厘米，

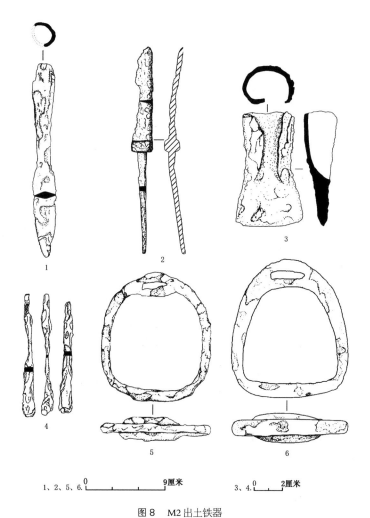

图 8　M2 出土铁器

1. 铁矛（M2∶2）2. 铁刀（M2∶3）3. 铁铲（M2∶4）4. 铁镞（M2∶5）5、6. 铁马镫（M2∶7）

上宽 5.2 厘米、下宽 3.7 厘米，束腰处宽 3.5 厘米，圆銎外径 3.6 厘米、内径 3 厘米。（图 8.3；彩版十）

铁镞 5 枚。M2∶5，锈蚀较严重，平头式；镞锋宽扁，镞身截面长方形，至于铤相连接处呈圆柱状，铤为圆锥状，包裹有木质残痕；最长一件为长 9 厘米、宽 0.9 厘米。（图 8.4；彩版十一）

铁马镫 2 件。M2∶7，出土于死者肩部，左、右各一件。两件马镫虽然形制相似，但不是一副，一大一小。小者，镫孔近圆形，两侧的镫梁截面呈圆角方形；镫梁上端制成椭圆形，中间有一细长穿孔，孔长 3 厘米、宽 1 厘米；下端的踏板为平直的椭圆形；镫通高 14.2 厘米、宽 13 厘米，踏板宽 4 厘米（图 8.5；彩版十三，右）。大者，镫孔呈上小下大的梯形，环梁截面扁圆形；镫梁上端扁宽，中间有一细长穿孔，孔长 4 厘米、宽 1 厘米；踏板截面呈"∩"形下凹，踏板面上有一残破的孔；通高 15 厘米、宽 12 厘米，踏板宽 4.6 厘米（图 8.6；彩版十三，左）。

（3）玻璃器

帽饰 1 件。M2：6，玻璃质地；乳白色，不透明；图案为透雕的接桃式卷草纹，由两条卷曲线条组成一个桃形，桃尖处接一近圆形图案；宽 2.6 厘米、高 2.18 厘米。（图 7.2；彩版十二）

（三）三号墓

1. 墓葬形制

墓室结构为土坑竖穴墓，呈圆角长方形，墓向为 314°。墓口距地表 35 厘米，口长 160 厘米、宽 65 厘米，墓底距地面 100 厘米，底长 155 厘米、宽 59 厘米。墓内填土为一层灰褐色土质，其中杂有碎石。

2. 葬具与葬式

葬具为木棺，用铁棺钉固定。此墓经过火烧，木棺的大部分已被烧毁，只在墓室东部一角残存较多的木炭。墓内出土人骨一具，大部分残缺，只保留肢骨的一段和头骨的一部分，性别不详。（彩版十五）死者头骨位置在墓葬的西北侧，面向上，为仰身直肢葬式。墓坑底部发现有编织物痕迹，应为铺垫于墓底的席子。（图 9；彩版十四、彩版十六）

随葬品有球腹罐、铁刀、短铁剑、箭头、箭囊架和砺石。

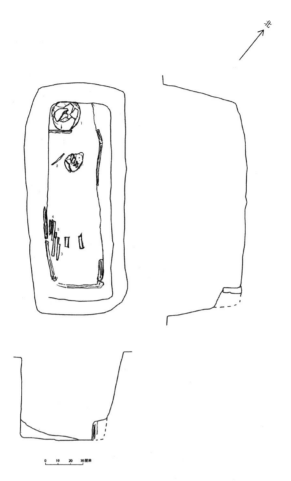

图 9 M3 平、剖面图
1. 球腹罐 2. 铁刀 3. 铁匕首 4. 铁镞 5. 箭囊架 6. 编织物 7. 砺石、铁棺钉

3. 出土遗物

（1）陶器

球腹罐 1 件。M3 : 1，出土于墓主人头上偏左处。泥质灰陶，器型规整，器壁薄，胎体轻；侈口，卷沿，细直颈，溜肩，球腹，平底；陶器为素面，器表打磨光滑。口径 14.9 厘米、腹径 27.7 厘米、底径 16 厘米、通高 29.3 厘米，器壁厚约 0.3 厘米。（图 10.1；彩版十七、彩版十九）

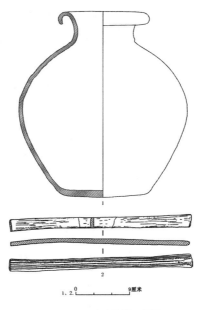

图 10　M3 出土陶器、骨器
1.球腹罐（M3：1）2.箭囊架（M3：5）

（2）金属器

铁刀 1 件。M3：2，因锈蚀导致刀身与刀柄区分不明显，整体呈柳叶状，刀背厚，刃部薄，柄末端略残；通长 12.5 厘米、刀身最宽处 1.3 厘米。（图 11.1；彩版二十）

铁匕首 1 件。M3：3，分为刀身与刀柄两部分，直背，刀尖略残，刀尖沿刀身渐加宽，所连刀柄较细；通长 14 厘米，刀身长 8.9 厘米、刀柄长 5.1 厘米，最宽处 2 厘米，刀柄宽 0.8 厘米。（图 11.2；彩版二十一）

铁镞 7 枚。M3：4，根据刀尖形制可以分为两种：

A 型，平头式五枚，平面呈窄长方形，镞锋扁平，向下渐厚，至于铤连接处呈圆柱状，锋与铤连铸，有的分界不明显，有的锋与铤区别明显；铤较细，至末端收尖，便于插入箭杆；最长的一件通长 10.1 厘米，锋宽 0.7 厘米，铤长 3.1 厘米。（图 11.3 右；彩版二十二）

B 型，尖头式两枚，平面亦为窄长方形，锋部略加宽，镞锋切成不对称三角形，尖端锋利，镞身由扁平过渡向圆柱形，与铤相连，铤的末端为尖状；长的一件通长 10.1 厘米，锋部宽 1 厘米，铤长 2.5 厘米。（图 11.3 左；彩版二十二）

铁棺钉，完整者 7 枚，钉身平面为细窄的梯形，截面长方形，钉头弯成扁钩状，有的一端弯折，有的两端弯折，使棺钉呈"]""⌐"等不同形状。棺钉长短不一，最长者 11.1 厘米、宽约 1 厘米，最短者 7.3 厘米、宽约 1 厘米。（图 11.5；彩版二十六）

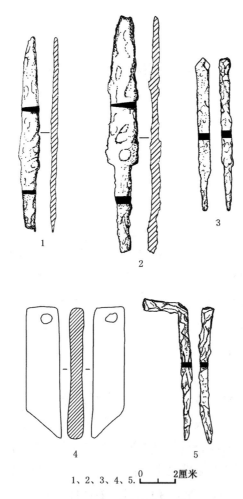

1、2、3、4、5.　0 ⊢——⊣ 2厘米

图 11　M3 出土铁器、石器

1.铁刀（M3：2）2.铁匕首（M3：3）3.铁镞（M3：4）4.砺石（M3：7）5.铁棺钉

（3）石器

砺石 1 件。M3 : 7，石质灰黑色，打磨整齐；长条状，一端平齐，一端磨出斜面，截面长方形；平齐的一端带孔，由单面钻成，孔的一面圆形，另一面为一侧略尖的卵圆形；砺石表面被磨出两侧高、中间凹的形状，倾斜的一面也有磨砺过的痕迹；表面分布有铁红色锈迹；长 7.66 厘米、宽 1.91 厘米、厚 0.71 厘米，孔距平齐一端 0.64 厘米、孔径 0.57 厘米。（图 11.4；彩版二十五）

（4）骨器

箭囊架 2 件。M3 : 5，长者为长条状，两端宽、中间略细，截面略呈长方形、中间处略呈梯形；骨片两端切割整齐，一面磨制光滑，另一面有整齐排列的线状条纹纵贯全器；长度为 28.1 厘米、两端最宽处 1.84 厘米、中间最细处 1.5 厘米，中间厚 0.66 厘米。短者长条状，一面平齐，一面弧状；一端切割整齐，一端蚀钝；两面均有线状刻划痕迹；长 3.89 厘米、宽 2.2 厘米、最厚处 0.75 厘米。（图 10.2；彩版二十三）

（5）其他

编织物 1 团。M3 : 6，已经腐朽得无法分辨质地与花色，与墓葬中的木炭混杂在一起。（彩版二十四）

（四）四号墓

1. 墓葬形制

M4 墓室结构为土坑竖穴式，墓室方向为 326°。墓口距地表 40 厘米，口长 266 厘米、宽 110 厘米，墓底距地面 154 厘米，底长 240 厘米、宽 74 厘米。墓室形状呈圆角长方形，在距地表 40 厘米处的填

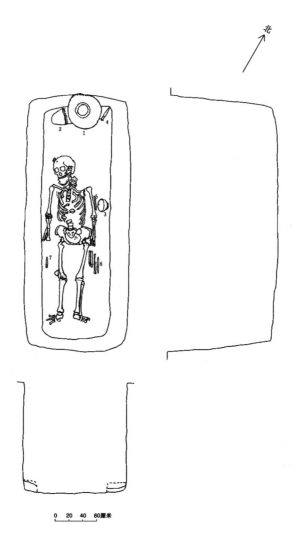

图 12   M4 平、剖面图
1. 矮领罐 2. 敞口罐 3. 瓷碗 4. 铁矛 5. 骨刀 6. 铁镞 7. 铁刀 8. 箭囊架

土中发现一块马骨，位置紧靠南壁。

2. 葬具与葬式

葬具已朽，从出土铁制棺钉判断葬具为木棺。该墓出土一具完整的人骨，头向西北，面向西，仰身直肢葬式，死者牙齿保存完好。(图 12；彩版二十七)

3. 出土遗物

（1）陶器

矮领罐 1 件。M4：1，出土于墓主人头上侧，紧挨墓的西壁。泥质灰陶，平沿，尖唇，沿外翻至颈处，呈收紧口的"U"形，颈部从上至下略向外斜，颈与肩交接处有一微突起的棱，圆肩，斜直腹，平底。器表素面无纹，器内壁光滑。口径 14.1 厘米、腹径 26.1 厘米、底径 14.4 厘米、通高 30.9 厘米，器壁厚约 0.7 厘米。（图 13.1；彩版二十八、彩版三十一）

敞口罐 1 件。M4：2，出土于墓主人头上侧，紧邻 M4：1 矮领罐。泥质陶，烧成不均匀的炭黑色，质地疏松，器型不规整，口部约略呈椭圆形；捏塑而成，壁厚不均匀，应为专门烧制的明器；敞口，平沿，沿微外翻，斜直腹，平底。罐为素面；口径 14.2 厘米至15.8 厘米、底径 6.2 厘米至 6.8 厘米、通高 14.2 厘米。（图 13.3；彩

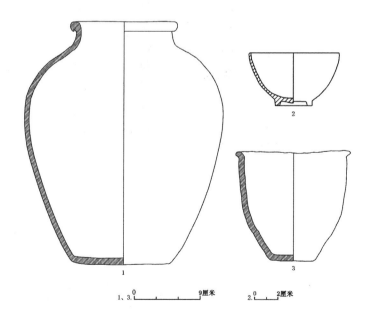

1, 3. ⊢——0————9厘米——⊣　　2. ⊢—0—2厘米—⊣

图 13　M4 出土陶器、瓷器
1. 矮领罐（M4：1）　2. 瓷碗（M4：3）　3. 敞口罐（M4：2）

版三十二）

（2）瓷器

瓷碗 1 件。M4：3，位于墓主人左臂外侧。口沿部微残。敞口平沿，圆唇，口沿下约 1 厘米处有起一周突棱。胎质为土黄色含细砂质地，较粗糙，胎表挂白色粉衣，釉色为乳白色，施釉不到底，圈足及碗下部三分之一处都未施釉，且有釉料垂流现象，内壁施釉完全且均匀，内底有不明显的支烧痕迹，圈足底有旋凸尖。口径 8.8 厘米、底径 3.6 厘米、器高 5 厘米、圈足高 0.53 厘米。（图 13.2；彩版二十九、

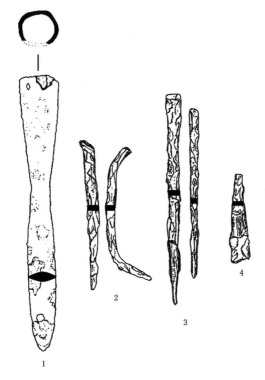

1、2、3、4. 0 2厘米

图 14　M4 出土铁器
1.铁矛（M4：4）2.铁棺钉 3.铁镞（M4：6）4.铁刀（M4：7）

彩版三十三）

（3）金属器

铁矛1件。M4：4，位于墓室东北角，出土时矛头向上斜立于墓壁侧。銎口残；通长18.7厘米，矛身最宽处2.1厘米，束腰处1.5厘米，銎口外径2.7厘米。（图14.1；彩版三十四）

铁镞10枚。M4：6，位于墓主人左手下方。所出十枚铁镞形制一致，唯长短有别。平头铲形，锋部宽扁，向下略收窄，至中部截面呈长方形，向下形成圆柱形口，口内插木质铤，木铤尾部收尖。镞长6.5厘米至10.5厘米，铤残存2厘米至4厘米不等，镞锋宽0.7厘米至1厘米不等。其中最长的一件长14.6厘米、镞锋宽1.1厘米、铤长4.4厘米。虽锈蚀严重，仍有沉甸甸的重量。（图14.3；彩版三十六）

铁刀1件。M4：7，残，位于墓主人右手下方。呈狭长三角形，残长约6厘米，最宽处1.4厘米。仅余刀柄处，由残余部位推断，刀为长条状，刀背厚、刀锋薄，刀柄由延伸出的一段铁质插入木柄，还残留少量木质柄的痕迹。（图14.4；彩版三十七）

棺钉15枚。形制基本一致，中间截面为矩形，一端宽扁，一端

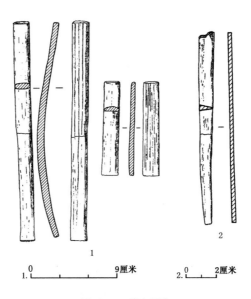

图15　M4出土骨器
1.箭囊架（M4：8）2.骨刀（M4：5）

呈尖头状，两端向一个方向弯曲呈"]"字形。长短、宽窄不统一，长的可达 12 厘米，短的有 6 厘米，宽扁一端的最宽者约 1 厘米，窄者约 0.8 厘米。(图 14.2；彩版三十九)

（4）骨器

骨刀 1 件。M4：5，出土于墓主人左臂外侧，呈刀形。由动物肋骨磨成，背部厚、刃部较锋利，截面呈三角形；刀尖部磨平，末端似有一细柄，已残。长 12.76 厘米、尖端宽 0.41 厘米、柄部宽 0.93 厘米、背厚 0.39 厘米。(图 15.2；彩版三十五)

箭囊架 2 件。M4：8，出土于墓主人左腿外侧，旁边散落有铁箭头，故推测为箭囊架。两件长箭囊架形制相似，唯截面形状略有区别，保存状态相同。长者微弯曲成弧形，背面有刻划的槽线，上下宽窄一致，长约 20.8 厘米、宽 15.5 厘米、厚 0.64 厘米。短者长度 9.48 厘米、宽 1.6 厘米、厚 0.68 厘米。(图 15.1；彩版三十八)

（5）其他

马骨 1 件。出土于墓葬距离地面约 40 厘米的填土中，位置紧邻西侧壁。为马左侧下颌骨；长约 24 厘米、高约 10 厘米，保留有四颗臼齿。(彩版四十)

（五）五号墓

1. 墓葬形制

M5 位于熟土层下，打破生土层，未发现扰乱痕迹。墓室开口距地表 40 厘米，墓室呈长方形，长 308 厘米、宽 154 厘米，墓底距地面 132 厘米，墓底长 232 厘米、宽 91 厘米。方向为 311°，墓室结构为土坑竖穴式，带生土二层台。墓内填土为一层黄色填土。

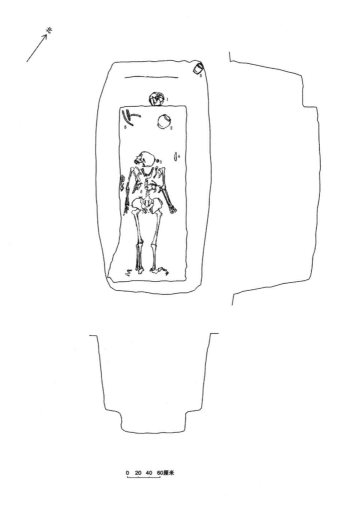

0　20　40　60厘米

图 16　M5 平、剖面图
1.高领罐　2.无领罐　3.金环　4.铁刀　5.敞口罐

2.葬具与葬式

葬具为木棺，墓室一侧有小块棺板，墓底留有木质葬具的碎屑；棺内放置人骨架一具，头向西北，面朝西南，为仰身直肢葬式，人骨保存完好，据骨骼形态判断死者为女性。在死者头上方的陶罐旁边散置一堆动物肋骨。（图 16；彩版四十一）

3. 出土遗物

（1）陶器

高领罐 1 件。M5∶1，出土于墓主人头部上方。泥质灰陶，器型规整，胎体致密，显得较为厚重；侈口，平沿，唇外翻至与沿重合，形成外叠状圆唇；颈较长，斜向内收，呈束颈状，溜肩，斜直腹，平底。器表磨光，有纵向刮修过的痕迹，肩部有一个刻划的"个"字形符号，三条线均长约 4.5 厘米，符号整体宽约 4.7 厘米。口径 17 厘米、腹径 22 厘米、底径 12.6 厘米、高 35.6 厘米，器壁厚 0.7 厘米、器底厚约 1 厘米。（图 17.1；彩版四十三）

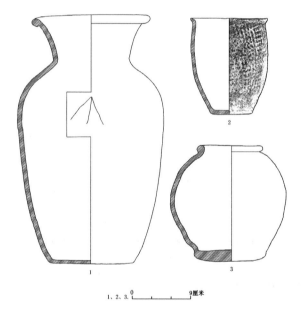

图 17　M5 出土陶器
1. 高领罐（M5∶1）　2. 敞口罐（M5∶5）　3. 无领罐（M5∶2）

无领罐 1 件。M5∶2，出土于墓主人头部右侧。泥质陶，灰黑色，质地较疏松，器表有局部外皮剥落的现象；器型不规整，整体向一侧扭曲；平沿，圆唇，无颈，鼓腹，平底；素面，器表及内壁均有轮修过的痕迹。口径10.4厘米、腹径17.5厘米、底径10.6厘米、高16.6厘米，器壁厚0.7厘米。（图17.3；彩版四十四）

敞口罐1件。M5：5，放置于墓葬右上角。泥质陶，烧成炭黑色，器型较规整；敞口，平沿，圆唇，沿下向内收，腹部略鼓，腹径小于口径，小平底；器表布满压印网格纹，局部有压印不清晰的现象；口径11.8厘米、底径6.8厘米、高13.5厘米。（图17.2；彩版四十七）

（2）金属器

金环1件。M5：3，出土于墓主头部一侧。由直径0.23厘米的金丝绕成二周半的螺旋状，金丝末端有整齐的切割痕迹，环外侧光洁，内侧微泛红。外径1.83厘米、高0.82厘米，重量6.93克。（图18.1；彩版四十五）

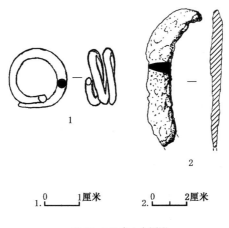

图18 M5出土金属器
1.金环（M5：3）2.铁刀（M5：4）

铁刀1件。M5：4，出土于墓主的右肩处；弯月形，弧背弧刃，刀尖上翘，后端残；残长8.3厘米、宽1.6厘米、刀背厚0.4厘米。（图18.2；彩版四十二、彩版四十六）

铁棺钉10枚。形制较统一，截面均为长方形；一端呈尖钉状，另一端砸扁，砸扁的一端往往弯折成约90°角；铁钉长短不一，长者约11厘米，短者约6厘米。（彩版四十八）

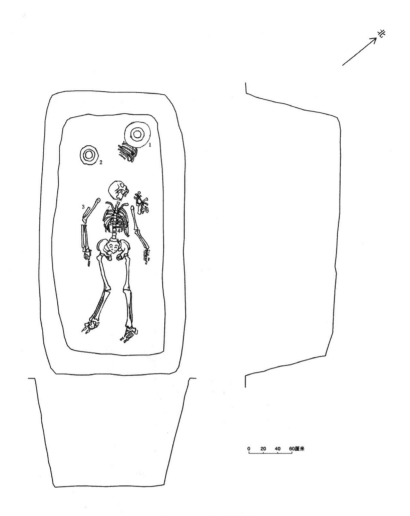

图 19　M6 平、剖面图
1. 矮领罐　2. 无领罐　3. 铁刀　4. 铁镞

（六）六号墓

1. 墓葬形制

M6 墓室方向为 311°，墓室结构为土坑竖穴墓，墓内填土为一层灰褐色土。墓口距地表 40 厘米，口长 285 厘米、宽 151 厘米，墓底距地面 140 厘米，底长 243 厘米、宽 116 厘米。

2. 葬具与葬式

葬具为木质，墓壁留有木棺朽痕。出土人骨架一具，头向西北，面朝北，为仰身直肢葬式，保存完好，从牙齿及头骨判断死者年纪较轻。墓主人头部上方的矮领罐一侧散置一堆动物肋骨。（图 19；彩版四十九）

3. 出土遗物

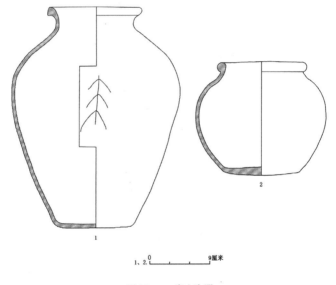

图 20　M6 出土陶器
1.矮领罐（M6∶1）　2.无领罐（M6∶2）

（1）陶器

矮领罐 1 件。M6∶1，出土于墓主人左侧；泥质灰陶，颜色呈灰白色，质地坚硬，器型规整；平沿，圆唇，直颈较短，圆肩，斜直腹，平底；肩腹部有两组几乎呈对向分布的刻划纹饰，纹饰为上部一条横线，中间一条垂直竖线，组成"T"字形，竖线两侧各斜向下伸出四条长短不一的线条，使纹饰整体约呈鱼骨形；内壁不甚平整。口径 13.6 厘米、腹径 23.8 厘米、底径 12 厘米、高 29.6 厘米，壁厚 0.6 厘米、底厚 0.8 厘米。（图 20.1；彩版五十一）

无领罐 1 件。M6：2，出土于墓主人左侧；泥质灰陶，颜色呈灰白色，质地坚硬，火候较高，器型规整；平沿，圆唇，口沿外翻，无颈，圆肩，鼓腹，平底；颈下有一周断续浅槽，器底有一条宽约 0.1 厘米的泥棱，两者应与制作工艺有关；素面，内壁平整。口径 13.4 厘米、腹径 19.2 厘米、底径 11.2 厘米、通高 16 厘米，壁厚 0.45 厘米左右。（图 20.2；彩版五十二）

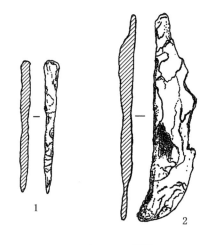

图 21　M6 出土铁器
1. 铁镞（M6：4）　2. 铁刀（M6：3）

（2）金属器

铁刀 1 件。M6：3，出土于墓主右臂旁边；刀背略直，刃部呈弧形，刀尖上翘，刀身的锈层上带布纹的痕迹；长 10.8 厘米、最宽处 2 厘米。（图 21.2；彩版五十三）

铁镞 1 枚。M6：4，出土于死者的胸椎处，可能是死者致死的原因。镞为狭长的三角形，镞身截面长方形，平头，末端为四棱锥式，与其他墓中出土的圆锥状铤差异较大，未见木质朽痕；长 7.2 厘米，尾端最宽处 0.8 厘米，厚约 0.3 厘米。（图 21.1；彩版五十、彩版五十四）

铁棺钉 6 枚。一端为尖钉状，另一端砸扁并弯折，有的尖端与尾部均弯折，整体呈"Z"形；钉身截面长方形。钉的长短不一，长者12.5 厘米，短者约 8 厘米。（彩版五十五）

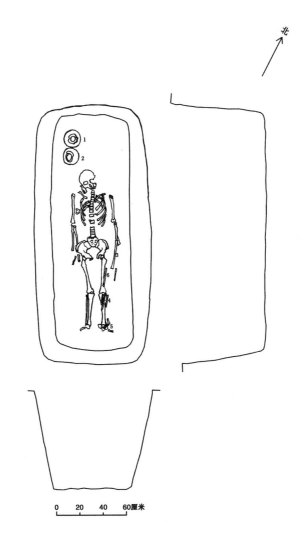

图 22　M7 平、剖面图
1. 仿盘口瓜棱壶　2. 鼓腹罐　3. 箭囊架　4. 平头铁镞　5. 铲形铁镞　6. 铁刀

（七）七号墓

1. 墓葬形制

M7 墓口距地表 43 厘米，口长 264 厘米、宽 124 厘米，墓底距地面 143 厘米，底长 238 厘米、宽 84 厘米；墓坑有轻微的扰乱现象。墓室方向为 312°，墓室结构为土坑竖穴式。墓内填土为一层灰褐色土。

2. 葬具与葬式

棺木已朽，从出土大量棺钉判断，葬具为木棺。墓出土人骨架一具，头向西北，面朝西，为仰身直肢葬，保存较好。（图 22）

3. 出土遗物

（1）陶器

仿盘口瓜棱壶 1 件。M7：1，出土于墓主人头部左上方，出土时

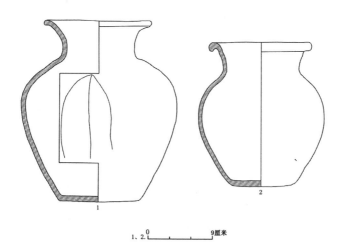

图 23 M7 出土陶器
1. 仿盘口瓜棱壶（M7：1） 2. 鼓腹罐（M7：2）

壶内发现有一小堆动物骨头。泥质灰陶，器型规整。平沿，盘形口，颈与肩相接合处形成一不甚明显的棱，系轮制痕迹；圆肩，斜腹，平底。盘口及颈部稀疏分布着一些篦点纹，肩部上侧也有约四分之一周的稀疏篦点纹；在肩腹部对称分布着四个"个"字形刻划图案，似为仿瓜棱壶的瓜棱形状，刻划纹长约 11.3 厘米、最宽处约 6.7 厘米。口径 14.7 厘米、腹径 21.4 厘米、底径 11.7 厘米、通高 23.9 厘米。（图 23.1；彩版五十六）

鼓腹罐 1 件。M7：2，出土于墓主人头部左上方；泥质陶，呈灰黑色，器型规整；侈口，卷沿，圆唇，斜直颈，溜肩，鼓腹，平底；器物为素面，器表有较明显的轮修形成的圆周形痕迹，以最大腹径处为分界线，上部器表经过了磨光，下部则未做加工，器物内壁也有轮修痕迹。口径 13.7 厘米、腹径 17 厘米、底径 9.2 厘米、高 18.5 厘米。（图 23.2；彩版五十七）

（2）金属器

平头铁镞 9 枚。M7：4，位于墓主人右小腿处。平面略呈梯形，锋部平齐，截面长方形，至与铤连接处渐成圆柱状，长短不一。其中一件带铤部包裹有木质较完整者，长约 11 厘米，铤长 3 厘米。（图 24.3；彩版五十九）

铲形铁镞 4 块，M7：5，位于墓主人右腿处。锈蚀严重，断成四截，无法判断是否为同一件。留有木质箭铤。（图 24.2；彩版六十）

铁刀 1 件。M7：6，断为两截，位于墓主人右侧大腿处。背厚，锋薄，刀身呈狭长三角形，刀身与刀柄连接处有微突起的棱，刀柄较刀身细，残存木质柄痕迹。带柄通长 15 厘米，身、柄连接处宽 1.5 厘米，刀背厚 0.4 厘米。（图 24.1；彩版六十一）

铁棺钉。分散落于墓室四角。一端宽扁，一端尖锐，平面呈狭长三角形，两端向同方向弯折，形成"]"字形，其中一件较完整者长约 12.5 厘米。（彩版六十二）

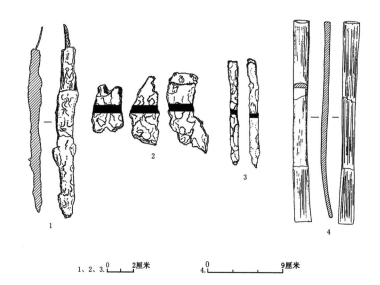

1、2、3. 0 ⊢——⊣ 2厘米　　　0 ⊢——┴——⊣ 9厘米
　　　　　　　　　　　4.

图24　M7出土铁器、骨器
1.铁刀（M7：6）　2.铲形铁镞（M7：5）　3.平头铁镞（M7：4）　4.箭囊架（M7：3）

（3）骨器

箭囊架1件。M7：3，骨制，断成三截，出土于墓主人右手旁。长条状，两端略宽、中间略细；骨片的一面平齐、一面弧状，平齐一侧有纵贯全器的线状纹路，弧面一侧则打磨光滑；骨片两端有切割痕迹；长23.1厘米、两端最宽处1.94厘米、中间宽1.67厘米，中间最厚处0.77厘米。个别部位发现有绿色锈痕。（图24.4；彩版五十八）

（4）其他

在墓主人右臂处发现一团毛毡残留物，棕褐色，毛绒状。（彩版六十三）

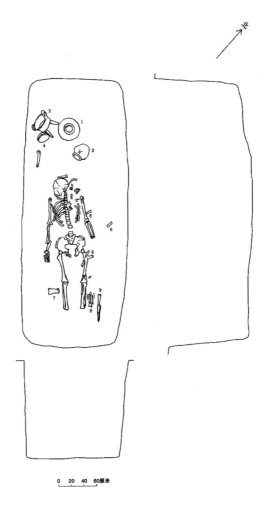

0　20　40　60厘米

图 24　M8 平、剖面图

1.矮领罐　2.双系无领罐　3.铁鼎　4.瓷碗　5.骨环　6.箭囊架　7.铁斧　8.铁镞　9.铁矛

（八）八号墓

地层未经扰乱，层位关系为在熟土层下，打破生土层。

1.墓葬形制

墓室方向为 310°，墓室的结构为土坑竖穴式，墓口距离地表 40

厘米，口长312厘米、宽124厘米，墓底距离地面154厘米，长294厘米、宽98厘米；填土为五花土，中间夹杂有石块。墓室形状为圆角长方形。

2.葬具与葬式

该墓为木质葬具。出土一具完整的人体骨架，死者头向西北，面向下，仰身直肢葬，依据盆骨推断墓主人的性别为男性。（图24；彩版六十四、彩版六十五）

3.出土遗物

（1）陶器

矮领罐1件。M8:1，出土于墓主人头部上方。泥质灰陶，平沿，小圆唇，短颈，溜肩，斜直腹，平底。颈部有一周磨光暗纹，暗纹呈竖条状，颈与肩相接合处有一周不甚明显的突棱，最大肩径处有一刻划"田"字形符号，宽1.67厘米、长2.35厘米，器底有一条宽仅

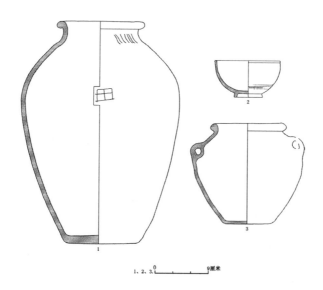

图25 M8出土陶器、瓷器
1.矮领罐（M8：1） 2.瓷碗（M8：4） 3.双系无领罐（M8：2）

0.3 厘米的泥棱，应为制作时的工艺特征。口径 13.9 厘米、腹径 25 厘米、底径 13.3 厘米、高 34.5 厘米，壁厚 0.5 厘米。（图 25.1；彩版六十六）

双系无领罐 1 件。M8：2，出土于墓主人头部左上方，与 M8：1 并排放置。泥质灰陶，胎体轻薄；平沿圆唇，肩部带双系耳，腹部有一周宽约 2.8 厘米的深色磨光带，口沿下部、器耳上部有一周宽约 0.3 厘米的磨光带。口径 12.4 厘米、腹径 16 厘米、底径 9 厘米、高 16.5 厘米，器壁厚 0.4 厘米，器耳宽 1.4 厘米、厚 0.7 厘米。（图 25.3；彩版六十七）

（2）瓷器

瓷碗 1 件。M8：4，出土于墓主人头部右上侧，紧邻铁鼎，保存完好。胎质为浅黄色粗泥质地，胎表挂白粉衣后施釉，釉色呈象牙黄微泛青，施釉不到底，局部挂半截釉，圈足及以上约 1 厘米处无釉，有釉料垂流现象；内壁施满釉，碗底处有三角形支钉痕，两支钉痕间距约 3 厘米；胎表有旋刮留下的数周线纹。口微敛，直沿，尖圆唇，口沿下 0.6 厘米处有一周凹弦纹，斜弧腹，圈足；口径 11 厘米、底径 4.4 厘米、器高 16.5 厘米、圈足高 0.6 厘米。（图 25.2；彩版六十九）

（3）金属器

铁鼎 1 件。M8：3，三足两耳式，出土位置在墓主人头上侧紧邻西壁。环状立耳，平沿尖唇，口沿外撇；颈内收，斜直腹，尖圆底，三扁形足外撇。尺寸规整，通高 24 厘米，口径 20 厘米，器耳高 4.5 厘米，足高 13 厘米，腹深 9.5 厘米。（图 26.1；彩版六十八）

铁斧 1 件。M8：7，出土于墓主左腿外侧。分为顶、身、刃三部分；顶为长方形，宽 4 厘米、高 3.5 厘米；斧身平面呈梯形，长 13 厘米，上端宽 4.8 厘米、下端宽 6 厘米，距斧顶 3.2 厘米处有长方形安装柄的銎孔，孔长 2.8 厘米、宽 1.5 厘米；刃部略呈弧形。（图 26.3；彩版七十二）

铁矛 1 件。M8：9，出土于墓主左腿外侧，銎口中残存木柄

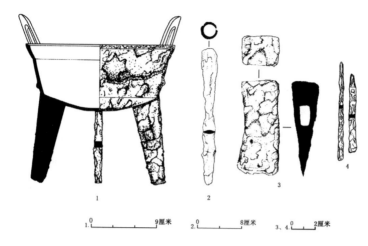

图 26　M8 出土铁器
1. 铁鼎（M8 : 3）　2. 铁矛（M8 : 9）　3. 铁斧（M8 : 7）　4. 铁镞（M8 : 8）

痕；矛通长 25 厘米，矛身截面呈菱形，身长 13 厘米，束腰处 1.3 厘米，銎口处截面圆形，外径 2.6 厘米，壁厚 0.4 厘米。（图 26.2；彩版七十四）

铁镞 21 枚。M8 : 8，出土位置在墓主人左下肢外侧。可分为 A、B 两型，A 型同前，上下基本同宽，铲头不明显，宽 0.5 厘米，通长 13 厘米至 13.5 厘米，木铤长 3 厘米。B 型，片状，似刀的一部分，有的厚薄一致，也有的背较厚。（图 26.4；彩版七十三）

铁棺钉 11 件。位于墓主人四周。棺钉呈"]"字形者不多，宽度也不如其他墓中的棺钉。（彩版七十五）

（4）骨器

骨环 2 件。M8 : 5，发现于墓主人左耳处。两件环的形制、质地完全相同，环截面为圆形，打磨精致，骨质泛黄；素面无纹饰，其中一件环的外缘有类似于铸造范缝的微凸起的棱线一周，应与加工方式有关。略大者外径 2.79 厘米、内径 1.93 厘米，小者外径 2.72 厘米、内径 1.84 厘米。（图 27.2；彩版七十）

箭囊架若干。M8 : 6，骨质，散置于墓主人左手臂外侧和腰部左侧，出土时已破损，只剩下 8 片碎片，似为几件器物的一部分。

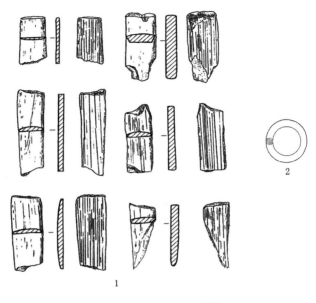

1、2.　0 ├──┤ 2厘米

图 27　M8 出土骨器
1. 箭囊架（M8：6）　2. 骨环（M8：5）

形制为片状长条形，一面为弧形，另一面平齐，平齐一侧均有线状纹路，有的弧面一侧也有。骨片厚薄不一，宽窄不一，端头的宽度在 1.5 厘米至 1.7 厘米之间，厚度在 0.3 厘米至 0.6 厘米之间。（图27.1；彩版七十一）

（九）九号墓

M9 位于墓葬区的东北部，地层未经扰乱，层位关系为在熟土层下，打破生土层。

1. 墓葬形制

墓室方向为 316°，墓室结构为土坑竖穴式，墓口距地表 40 厘米，口长 234 厘米、宽 130 厘米，墓底距地面 119 厘米，长 224 厘米、

北

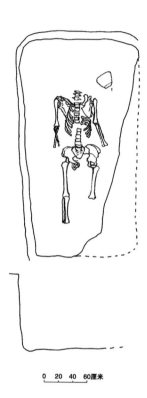

0　20　40　60厘米

图 28　M9 平、剖面图

1. 敞口罐

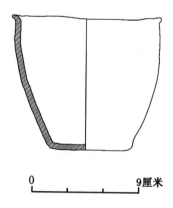

0　　　　　　　　9厘米

图 29　M9 出土敞口罐（M9：1）

宽 124 厘米。墓室形状为圆角长方形，填土为五花土。

2. 葬具与葬式

未见葬具痕迹。墓内出土人骨一具，仰身直肢葬式，保存状况较差，发掘过程中未见头骨，肢骨保存不完整，根据盆骨推断死者为男性。(图 28；彩版七十六)

3. 出土遗物

（1）陶器

敞口罐 1 件。M9：1，出土于墓主人头左侧。夹细砂陶质，质地疏松，陶色不均匀，大部呈烟黑色，器底及一侧腹部呈黄褐色，内壁大部分呈泥黄色；敞口，沿外翻，圆唇，斜直腹，平底；器表印有方格纹，局部压印不够清晰。口径 12.2 厘米、底径 7 厘米、高 11 厘米。(图 29；彩版七十七)

（2）石器

项饰。位于墓主人的颈部，保存相当不完整，据残留物推断为绿松石材质。(彩版七十八)

二、墓葬的年代问题

古代选择墓地非常注重风水，巴彦塔拉墓地所处地形较平坦，基本在东南朝阳的方向。墓地中的所有墓葬排列较有规律，可以看出成三排排列，第一排为 M2 和 M4，第二排为 M3、M5 和 M7，第三排为 M6 和 M9，M1 和 M8 大致分别在第一排和第二排，但与其他墓葬相隔相对较远。清理的九座墓葬全部为竖穴土坑墓，过去发掘过不少辽代的土坑墓，见诸资料的主要有：赤峰市敖汉旗白塔村三座[①]、巴林右旗巴彦琥绍一座[②]、林西县五间房一座[③]、林西县刘家大院一座[④]、科右中旗双龙岗一座[⑤]、扎鲁特旗石沟门墓地二十余座[⑥]、凉城水泉两座[⑦]、科左后旗呼斯淖一座[⑧]、通辽乌日根塔拉一座[⑨]、霍林郭

① 宋国栋、岳够明、马婧：《赤峰市敖汉旗白塔村辽代墓葬》，《内蒙古文物考古》2010 年第 1 期。
② 苗润华：《巴林右旗巴彦琥绍辽墓和元代遗址》，《内蒙古文物考古》1994 年第 1 期。
③ 王刚、吕清：《林西县五间房辽墓清理简报》，《内蒙古文物考古》2001 年第 1 期。
④ 内蒙古自治区文物考古研究所：《内蒙古林西县刘家大院辽代墓地发掘简报》，《考古》2016 年第 3 期。
⑤ 内蒙古自治区文物考古研究所：《科右中旗双龙岗辽墓》，《内蒙古文物考古》1997 年第 1 期。
⑥ 《扎鲁特旗辽墓发现精美壁画》，《中国文物报》2000 年 10 月 29 日。
⑦ 内蒙古自治区文物考古研究所：《内蒙古凉城县水泉辽代墓葬》，《考古》2011 年第 8 期。
⑧ 张柏忠：《科左后旗呼斯淖契丹墓》，《文物》1983 年第 9 期。
⑨ 哲里木盟博物馆：《内蒙古哲里木盟发现的几座契丹墓》，《考古》1984 年第 2 期。

勒一座①；辽宁抚顺市光明街一座②、康平二十余座③；河北承德道北沟村一座④、康保县白脑包一座⑤；吉林双辽县高力戈十座⑥；黑龙江省龙江县鲁河新丰砖厂一座⑦、齐齐哈尔富拉尔基两座⑧、齐齐哈尔市梅里斯长岗一座⑨、肇东市涝洲镇安业村一座⑩、汤原新城一座⑪；山西大同南关一座⑫。竖穴土坑墓通常被认为是辽代早期的主要墓葬形制，在十世纪末至十一世纪早期就基本消失了⑬。然而作为平民墓葬，土坑竖穴式墓葬贯穿了辽代的始终，直至金代仍较常见，唯其发表资料甚少，难以详细了解这种墓葬的演变。

　　巴彦塔拉墓地的九座墓葬虽然形制较单一，但几乎每座墓葬都出土了随葬品，种类也比较丰富，本文尝试通过对出土器物的分析来确定墓葬的相对年代，以期为辽代墓葬的深入研究提供资料。本文所指分期依据李逸友先生的分期标准，即将辽代的发展分为早、中、晚期三期，早期为辽太祖至辽景宗时期（公元 916—983 年），中期为圣宗、兴宗两朝（公元 983—1055 年），晚期为道宗至天祚帝时期（公元 1055—1125 年）⑭。

---

① 哲里木盟博物馆：《内蒙霍林郭勒市辽墓清理简报》，《北方文物》1988 年第 7 期。

② 抚顺市博物馆：《抚顺市光明街辽墓发掘简报》，《辽海文物学刊》1987 年第 2 期。

③ 张少青：《辽宁康平发现的契丹、辽墓概述》，《北方文物》1988 年第 4 期。

④ 李霖：《河北承德县道北沟村辽墓》，《考古》1990 年第 12 期。

⑤ 张家口地区文管所康保县文管所：《河北康保县白脑包发现辽代石棺墓》，《文物春秋》1989 年第 4 期。

⑥ 吉林省文物考古研究所：《吉林双辽县高力戈辽墓群》，《考古》1986 年第 2 期。

⑦ 邹向前：《黑龙江省龙江县鲁河新丰砖厂辽墓》，《北方文物》1995 年第 2 期。

⑧ 许继生：《黑龙江省齐齐哈尔富拉尔基辽墓清理简报》，《北方文物》1999 年第 3 期。

⑨ 崔福来、辛健：《齐齐哈尔市梅里斯长岗辽墓清理简报》，《北方文物》1993 年第 1 期。

⑩ 张杰、朱涛：《黑龙江省肇东市涝洲镇安业村发现的辽代墓葬》，《北方文物》2004 年第 1 期。

⑪ 李可鑫：《汤原新城辽墓调查简报》，《文物春秋》2013 年第 4 期。

⑫ 王银田、银廷琦、周雪松：《山西大同市辽墓的发掘》，《考古》2007 年第 8 期。

⑬ 刘未：《辽代墓葬的考古学研究》，科学出版社 2016 年版，第 68 页。

⑭ 李逸友：《辽代契丹人墓葬制度概说》，载内蒙古自治区文物考古研究所编：《内蒙古东部区考古学文化研究文集》，海洋出版社 1990 年版，第 80 页。

（一）一号墓

　　一号墓被现代采石工作所破坏，人骨架仅余下肢部分，未发现随葬品，因此无法判断墓葬的年代。填土中发现一件用鹿角磨制的器物，鹿是契丹人经常捕猎的动物之一，《奉使辽金行程录》中的《张舜民使辽录·打围》一篇中提到："北人打围，一岁间各有所处，正月钓鱼海上……四月、五月打麋鹿。"除了狩猎获取的鹿，当时对鹿及鹿制品的利用也相当广泛，库伦奈林稿一号辽墓壁画之备车图中描绘了几位髡发的契丹少年正手牵麋鹿准备引鹿驾辕[①]，乘坐鹿车的是女性。此幅图无论是对实际生活场景的描绘，还是借鹿之形象表达某种喻义，都反映出鹿是契丹人生活中的一种常见且重要的动物。

　　辽代遗址中偶有鹿制品发现，赤峰大营子一号墓的南侧室出土一件长二十余厘米的鹿角器，在尖端有一个穿孔，末端截锯整齐[②]，鹿角器所在的南侧室出土物以马具为主；大营子一号墓的墓主人葬于辽穆宗应历九年（公元959年），属于辽代早期。辽宁朝阳市辽刘承嗣族墓中的四号墓出土两件尖部磨光的二叉形鹿角[③]，该墓主人刘宇杰，墓志显示入葬年代为统和十八年（公元1000年）。北京顺义安辛庄辽代中期墓葬中也出土一件鹿角器，上面带刀削痕迹[④]。可见辽代有随葬鹿角及其制品的习俗，但所见不多。巴彦塔拉一号墓鹿角器似为一件实用器物，无法确知是否为随葬之用。

　　一号墓葬填土中发现的另一件器物铁环在辽代遗址和墓葬中均较

---

① 王健群、陈相伟：《库伦辽代壁画墓》，文物出版社1989年版，第220页。

② 前热河省博物馆筹备组：《赤峰县大营子辽墓发掘报告》，《考古学报》1956年第3期。

③ 王成生：《辽宁朝阳市辽刘承嗣族墓》，《考古》1987年第2期。

④ 北京市文物研究所、顺义县文物管理所：《北京顺义安辛庄辽墓发掘简报》，《文物》1992年第6期。

常见，环状铁器甚多，从考古发现情况来看，有的作门环①，上连门钉，有的作为马衔的一部分②，更多的则不明用途，或为建筑构件的一部分，或为工具的一部分，或可作与其他物品连接之用，且大小各异。一号墓中的铁环一件为单独的环，另一件连接一小截环扣。

由于一号墓没有发现带有明确年代特征的遗物，无法确定年代早晚。

（二）二号墓

二号墓的随葬器物有七类共八件，种类有陶器、铁器和玻璃器。二号墓出土的陶器为罐，属于生活中的常用器。辽代陶罐形制较丰富，有敞口、矮领、鼓腹、凹底等不同特征，且早期陶器器表常带压印纹饰。与二号墓葬的矮领罐（M2：1）相似的器物发现于怀州城址一处窖藏，但器体高大许多，用于盛贮酒类③。此类型陶罐在唐、五代时期的墓葬中偶有发现，如辽宁省朝阳市衬布厂唐代晚期墓葬出土的陶罐即为圆唇、侈口，腹部的最大径在靠近肩部的位置，且为小平底④。可见这种形制的矮领罐非契丹人的典型陶罐风格，早期契丹陶器常以器底内凹为其特征，二号墓葬中的平底陶罐显然更多承袭了唐、五代的平底且器型较高大的陶器风格。

二号墓出土的铁器种类均较丰富，有兵器、工具和车马器三类。矛是古代战争中使用最久的兵器之一，根据骹的长短可以有不同的作战使用方式，是骑马民族战斗中的有力武器。自东汉时代起，矛的造

① 辽宁大学历史系考古教研室:《辽宁法库县叶茂台8、9号辽墓》,《考古》1996年第6期。
② 北京市文物研究所、顺义县文物管理所:《北京顺义安辛庄辽墓发掘简报》,《文物》1992年第6期。
③ 韩仁信、青格勒:《辽怀州城址出土窖藏陶器》,《内蒙古文物考古》1984年总第3期。
④ 张洪波、贾宗梁:《辽宁朝阳五座唐墓》,《北方文物》1994年第3期。

型就多为柳叶形矛叶，中间起脊，加上圆形銎筒构成①。辽代遗址中出土的矛主要有两种类型，一种是剑式、舌形锋、圆形銎口，如辽宁康平张家窑1号墓②、辽宁彰武东平村辽墓③、河北尚义囵囵村辽墓④出土的矛；另一种是柳叶形、扁平体或起脊、圆銎式，如辽宁朝阳孙家湾辽墓⑤、辽宁康平后刘东屯二号墓⑥、辽宁凌源温家屯墓⑦、萧德让夫妻合葬墓⑧等出土物。从出土铁矛的墓葬年代来看，第一种剑式矛主要流行于辽代早、中期，第二种柳叶形矛的流行时间较久，在辽代早期至晚期的遗址中都有发现。铁刀（M2：3）既可以作为日常生活用工具，也可以当作兵器，是北方游牧民族随身携带的必备用品。刀的形制变化不大，皆为刀背厚、刀身薄，柄部连接木质或骨质柄使用。巴彦塔拉二号墓的铁刀没有明显时代特征，无法确定年代。

从考古发掘出土资料来看，束腰半环形銎铁铲（M2：4）多出现于辽代早期遗址，如科左后旗呼斯淖墓年代在辽建国之前⑨，下限时间不晚于辽圣宗开泰七年的法库李贝堡墓⑩，辽代早期的辽宁康平张家窑1号墓⑪和锦州张扛村墓葬⑫，年代较晚的有内蒙古巴林右旗罕山

① 孙机：《汉代物质文化资料图说》，文物出版社1991年版，第126页。
② 裴耀军：《康平张家窑1号辽墓》，《辽海文物学刊》1996年第1期。
③ 彰武县文物管理所：《辽宁彰武县东平村辽墓发掘简报》，《北方文物》1999年第1期。
④ 河北张家口地区文物保护管理所：《河北尚义囵囵村发现辽代石棺墓》，《文物春秋》1990年第4期。
⑤ 孙国平、杜守昌、张丽丹：《辽宁朝阳孙家湾辽墓》，《文物》1992年第6期。
⑥ 铁岭市文物办公室、康平县文物管理所：《辽宁康平县后刘东屯二号辽墓》，《考古》1988年第9期。
⑦ 韩宝兴：《凌源温家屯辽墓发掘简报》，《辽海文物学刊》1994年第1期。
⑧ 辽宁省文物考古研究所编著：《关山辽墓》，文物出版社2011年版，第63页。
⑨ 张柏忠：《科左后旗呼斯淖契丹墓》，《文物》1983年第9期。
⑩ 林茂雨、佟峻岩：《法库李贝堡墓》，《北方文物》2001年第3期。
⑪ 裴耀军：《康平张家窑1号辽墓》，《辽海文物学刊》1996年第1期。
⑫ 刘谦：《辽宁锦州市张扛村辽墓发掘报告》，《考古》1984年第11期。

辽代祭祀遗存的四号建筑①和阜新县樱桃沟村辽墓②。似乎可以认为这类铁铲的造型比较原始，功用性也有一定限制，慢慢被更实用的器型所取代。

　　辽代的镞种类颇多，巴彦塔拉墓地出土的镞多数为锋部扁平的平头式镞，这种镞在北方地区出现得较早，如辽宁北票大板营子慕容鲜卑墓葬中有此类镞较早的实证③，山西大同方山北魏永固陵也出土七件平头镞④，吉林浑江永安的渤海时期的 B 形镞⑤等。平头镞在辽代遗址中也屡有发现，如辽代早期的康平张家窑 1 号墓⑥、辽穆宗时期的阜新七家子辽墓⑦、辽代中期的辽宁彰武东平村墓⑧和辽宁凌源小喇嘛沟墓⑨等，还有一些出土平头镞的遗址属于辽代五国部，如黑龙江汤原新城辽墓⑩、黑龙江绥滨墓葬⑪，佳木斯黎明村墓葬则属于辽代女真人遗存⑫。平头镞身形轻巧，射程远且具有较强的穿透力，属于"兵矢"，主要是骑马作战之用⑬。当然，也不排除此类镞在日常打猎中使用，因其优良的射杀性能，平头镞直至金代还在战争

① 内蒙古自治区文物工作队、巴林右旗文物馆：《内蒙古巴林右旗罕山辽代祭祀遗址发掘报告》，《考古》1988 年第 11 期。
② 袁海波：《阜新发现无墓门辽墓》，载李品清、佟宝山主编：《阜新辽金史研究》（第四辑），中国社会科学出版社 2000 年版，第 179 页。
③ 王宇、万欣：《辽宁北票市大板营子墓地的勘探与发掘（续）》，载辽宁省文物考古研究所、日本奈良文化财研究所：《辽西地区东晋十六国时期都城文化研究》，辽宁人民出版社 2017 年版，第 17 页。
④ 大同市博物馆、山西省文物工作委员会：《山西大同方山北魏永固陵》，《文物》1978 年第 7 期。
⑤ 吉林省考古研究所：《吉林浑江永安遗址发掘报告》，《考古学报》1997 年第 2 期。
⑥ 裴耀军：《康平张家窑 1 号辽墓》，《辽海文物学刊》1996 年第 1 期。
⑦ 阜新市博物馆筹备处：《辽宁阜新县契丹辽墓的清理》，《考古》1995 年第 11 期。
⑧ 彰武县文物管理所：《辽宁彰武县东平村辽墓发掘简报》，《北方文物》1999 年第 1 期。
⑨ 辽宁省文物考古研究所编著：《凌源小喇嘛沟辽墓》，文物出版社 2015 年版。
⑩ 李可鑫：《汤原新城辽墓调查简报》，《文物春秋》2013 年第 2 期。
⑪ 郝思德：《黑龙江绥滨辽代墓葬》，《博物馆研究》1989 年第 3 期。
⑫ 佳木斯市博物馆：《佳木斯市黎明村辽金墓群出土的文物》，《北方文物》2004 年第 4 期。
⑬ 丛密林：《契丹骑兵研究》，东北师范大学博士学位论文，2018 年。

和渔猎中发挥着重要作用①。辽代的箭镞种类非常丰富，而在巴彦塔拉墓地只有以平头式镞为主的种类较单调的箭镞，与其用途应有一定的关系。

马镫是以鞍马为家的契丹人的必备用具，因此也是辽代墓葬中经常随葬的器物。笔者整理了七十处出有马镫的辽代遗址资料，其中包括窖藏和绘制于墓室的壁画资料，可分为三种形制：第一种是8字形马镫，在赤峰市西水地②、小塘土沟③和哈尔滨东郊④各发现一件，承德北道沟的一件似也属于8字形马镫⑤，此种马镫的镫梁与镫面合铸而成，穿鼻由镫梁直接弯成圆环状，通高为14厘米至16厘米，踏板宽10厘米至12厘米；第二种高穿鼻式马镫，是镫环上方带方形穿鼻，通过一短柱与镫环相连，或连接处基本与穿鼻同宽，通高在17厘米至21厘米之间，踏板宽4厘米至6厘米；第三种镫梁穿孔式马镫，扁圆形穿鼻直接设在镫环上，圆角梯形镫环，通高14厘米至15厘米，踏板宽4厘米至5厘米。出土第一种8字形马镫的墓葬年代为辽代早期至中期。第二种高穿鼻式马镫继承了唐五代马镫的形制，流行于整个辽朝统治时期的大面积区域，属于辽代早期的有宝山辽墓，这是有纪年、时代最早（下葬于辽天赞二年，即公元923年）的一座辽墓，在一号墓东侧室东壁的《侍从牵马图》上所绘马镫⑥，以及辽穆宗应历九年（公元959年）的赤峰大营子墓中出土的实物⑦等；出有第二种高穿鼻式马镫的辽代中期的典型遗址如辽宁

---

①　黑龙江省文物考古研究所：《黑龙江双城市车家城子金代城址发掘简报》，《考古》2003年第2期。

②　于海燕：《赤峰市红山区西水地发现一座辽墓》，《内蒙古文物考古》1992年第2期。

③　内蒙古文物考古研究所：《宁城县小塘土沟辽墓》，《内蒙古文物考古》1991年第1期。

④　黑龙江省博物馆：《哈尔滨东郊的辽、金遗址和墓葬》，《考古》1960年第4期。

⑤　李霖：《河北承德县道北沟村辽墓》，《考古》1990年第12期。

⑥　齐晓光、盖志勇、丛艳双：《内蒙古赤峰宝山辽壁画墓发掘简报》，《文物》1998年第1期。

⑦　郑绍宗：《赤峰县大营子辽墓发掘报告》，《考古学报》1956年第3期。

朝阳前窗户村墓葬①，萧和墓室壁画所绘马镫②；辽代晚期的如辽宁北镇市耶律弘礼墓③和吉林双辽县高力戈墓④；辽代晚期，第三种马镫逐渐普及，但辽中京以南以及西京道所辖区域仍继续流行高穿鼻式马镫，如河北丰宁五道沟门辽墓⑤，河北宣化张世古墓⑥和韩师训墓壁画所绘制的马镫⑦。第三种马镫整体流行于辽代晚期，比较早的实物资料有关山七号辽墓出土的一件，根据同出的瓷器造型与纹饰判断，年代与叶茂台七号墓相当，为公元970—977年⑧，其次是辽宁阜新梯子庙四号墓出土的一副马镫，年代为辽代中期⑨；与辽代早期流行的高鼻、小穿孔马镫有所区别，第三种马镫因穿孔变得矮宽，从构造上更有利于革带对马镫的固定，这也正是镫梁穿孔式马镫改进最大的地方，因此才得以在辽代晚期取代前两种马镫而流行，直至金代仍普遍使用。巴彦塔拉二号墓出土的马镫为第三种镫梁穿孔式，根据前述分析，以及与关山七号墓和梯子庙四号墓两处墓葬出土马镫相比较，初步确定年代也为辽代中期。

巴彦塔拉二号墓玻璃器出土位置在死者的头部附近，因此确定为头部的饰物——帽饰。玻璃器在辽代发现较多，主要有两种类型，一种是传自西方的制作精美的玻璃容器，有瓶、碗、盘等器型，另一类是小件饰物，如管、珠等，目前还没有发现与巴彦塔拉玻璃帽饰相似的器物。在凌源小喇嘛沟辽墓出土大量玻璃带饰和其他饰物，包括二

① 靳枫毅：《辽宁朝阳前窗户村辽墓》，《考古》1980 年第 12 期。

② 辽宁省文物考古研究所：《阜新辽萧和墓发掘简报》，《文物》2005 年第 1 期。

③ 辽宁省文物考古研究所、锦州市文物考古研究所、北镇市文物处：《辽宁北镇市辽代耶律弘礼墓发掘简报》，《考古》2018 年第 4 期。

④ 吉林省文物考古研究所：《吉林双辽县高力戈辽墓群》，《考古》1986 年第 2 期。

⑤ 张汉英：《河北丰宁五道沟门辽墓》，《文物春秋》1996 年第 2 期。

⑥ 张家口市宣化区文物保管所：《河北宣化辽代壁画墓》，《文物》1995 年第 2 期。

⑦ 张家口市宣化区文物保管所：《河北宣化下八里辽韩师训墓》，《文物》1992 年第 6 期。

⑧ 辽宁省文物考古研究所编著：《关山辽墓》，文物出版社 2011 年版，第 53 页。

⑨ 辽宁省文物考古研究所、阜新市考古队：《辽宁阜新县辽代平原公主墓与梯子庙 4 号墓》，《考古》2011 年第 8 期。

号墓、八号墓的饰件，四号墓、五号墓、八号墓的腰带，七号墓的马具，几处出有玻璃器的墓葬均为辽代晚期。巴彦塔拉墓地的玻璃器饰有接桃式卷草纹，这种单线条卷草纹饰流行于唐代以及辽代早中期，如花根塔拉辽墓出土的金银器和铜錾饰上多数都带卷草纹[1]，内蒙古敖汉皮匠沟 1 号墓葬出土的绿釉鸡冠壶上有卷草纹，这是一处辽代中期的墓葬，上限为辽圣宗统和初年，下限在圣宗开泰末年[2]。出现于辽代晚期的卷草纹不但数量较少，且多演变为缠枝式等造型。从制作工艺看，小喇嘛沟辽墓的玻璃器造型规整，表面不见气泡，显示了比较成熟的制作技术，巴彦塔拉玻璃器制作较粗糙，年代应较早，下限不晚于辽圣宗年间。宋辽时期的玻璃器制造业已经走向了民间，但是制造技术和前代相比没有明显进步，除了无模自由吹制法成型外，还有少量的铸造成型法[3]，巴彦塔拉墓地出土的帽饰边缘不甚规整，应该是采用铸造方法制作的。巴彦塔拉墓地和小喇嘛沟辽墓的玻璃器均为乳白色不透明状，后者经检测属于我国本土生产的钾铅玻璃系统[4]，巴彦塔拉玻璃器的成分组成与小喇嘛沟玻璃器相似，也应为本土生产，并且使用了硝石作为助熔剂；小喇嘛沟玻璃器不透明的原因是加入了二氧化锡作为乳浊剂，以达到仿玉的效果，而在巴彦塔拉玻璃器的组成中不含锡、钡类的成分，可能采用了从唐代开始流行的添加萤石作为乳浊剂的方法[5]。帽饰的用途也值得探讨，经观察此器物背面并不见能与其他物品相连接的痕迹，也没有粘结过的残留，也不见用于悬挂的痕迹，因此如何起到装饰的作用还有待进一步研究。

　　经上述分析，二号墓中出土的多数器物在辽代中期已经存在并传

① 阿鲁科尔沁旗博物馆：《花根塔拉辽墓出土文物及其族属和年代》，中国古都学会2001 年年会暨赤峰辽王朝故都历史文化研讨会。

② 内蒙赤峰市敖汉旗博物馆：《内蒙古敖汉旗皮匠沟 1、2 号辽墓》，《文物》1998 年第9 期。

③ 安家瑶：《玻璃器史话》，中国大百科全书出版社 2000 年版，第 159 页。

④ 柏艺萌、黄晓雷、魏美丽：《小喇嘛沟辽墓出土玻璃器的科学分析与研究》，《辽宁省博物馆馆刊》2014 年。

⑤ 王承遇、李松基、陶瑛：《中国古代琉璃所用乳浊剂的演变》，《玻璃》2017 年第5 期。

播，因此判断二号墓葬的年代为辽代中期。

（三）三号墓

三号墓经过火烧，但似乎非火葬习俗，因其墓中未发现盛装骨灰的器具，而是仅存被烧残的人骨和部分棺具。

本墓出土球腹罐（M3：1）的特征为卷沿、鼓腹，同类器物在辽宁法库的一处辽井中出土四件①，此井在辽代已废弃，出土物为辽代无疑。与球腹罐器型相类似的瓷器存世较多，喀喇沁旗牛营子小西沟墓葬和南台子遗址各出土一件，赤峰缸瓦窑村出土一件，作者认为出土于辽代遗址，但年代偏晚②。也有学者认为此类白釉划花黑彩瓷器的年代应为金代而非辽代③。卷沿陶罐、卷沿陶盆在辽金遗址中较为常见，从地层关系来看，由早至晚陶器口沿的变化趋势是卷折加重④。巴彦塔拉墓地出土的球腹罐制作精良，器型规整，器壁甚薄，体现了高超的制陶工艺，加之口沿卷至半环状，腹部最大径位于器物中部，与金代圆肩、斜直腹的器型有所区别，初步判断为辽代晚期器。

三号墓的铁刀（M3：2）和铁匕首（M3：3）形制与二号墓出土铁刀（M2：3）类似，唯刀柄较宽，因不具备明显时代特征，无法确知准确年代。此墓出土的镞（M3：4）有平头式和尖头式两种，平头式同二号墓，尖头式圭型铁镞在科右前旗公主岭辽代古城的调查资料

① 参见沈阳市考古研究所：《法库大六家子辽井发掘简报》，《沈阳考古文集（第1集）》，科学出版社2007年版。

② 参见冯永谦：《新发现的几件辽代陶瓷》，《文物》1981年第8期。

③ 参见彭善国、高义夫：《所谓辽代白釉划花黑彩瓷器的年代及相关问题》，《故宫博物院院刊》2018年第5期。

④ 参见沈阳市考古研究所、吉林大学边疆考古研究中心、新民市文物管理所：《沈阳市新民偏堡子遗址辽金时期遗存发掘简报》，载吉林大学边疆考古研究中心编：《边疆考古研究（第10辑）》，科学出版社2011年版。

中有发现①，在辽宁康平沙金台乡克宝窝堡的辽代末期墓葬中也发现有近似者②。

箭囊架这类器物在以往的发掘资料中对其命名不尽一致，如黑龙江齐齐哈尔富拉尔基辽墓中的出土物被称为"骨簪"③，内蒙古宝山辽墓资料中称为"骨器"④，内蒙古凉城水泉辽代早期突厥遗民墓葬资料中命名为"骨弓弭"⑤。此器实为古代盛装箭的袋子外面用于装饰、支撑等作用的物品，所用材料有骨质和木质。在呼伦贝尔谢尔塔拉墓地发现过同类木质实物⑥，不同之处在于谢尔塔拉的那件钻有若干小孔可以缝缀在箭囊上，而巴彦塔拉出土箭囊架未见任何绑缚、缝缀或粘贴等痕迹，如何与箭囊相接合还需要深入研究。

砺石在北方草原民族生活中的使用甚为广泛，在鲜卑时期的墓葬中已有发现⑦。辽代发现有砺石随葬的多为早期墓葬，如内蒙古霍林郭勒市辽墓⑧，内蒙古敖汉旗沙子沟1号辽墓⑨，辽宁康平张家窑1号辽墓⑩，辽宁锦州张扛村辽墓⑪；哈尔滨新香坊墓地⑫和绥缤永生墓群⑬

① 吉林省文物工作队、吉林大学历史系考古专业：《科右前旗前公主岭一、二号古城调查记》，载东北考古与历史编辑委员会编：《东北考古与历史》，文物出版社1982年版，第223页。
② 张少青：《辽宁康平发现的契丹、辽墓概述》，《北方文物》1988年第4期。
③ 许继生：《黑龙江省齐齐哈尔富拉尔基辽墓清理简报》，《北方文物》1999年第3期。
④ 内蒙古文物考古研究所、阿鲁科尔沁旗文物管理所：《内蒙古赤峰宝山辽壁画墓发掘简报》，《文物》1998年第1期。
⑤ 内蒙古文物考古研究所：《内蒙古凉城县水泉辽代墓葬》，《考古》2011年第8期。
⑥ 中国社会科学院考古研究所、呼伦贝尔民族博物馆、海拉尔区文物管理所编著：《海拉尔谢尔塔拉墓地》，科学出版社2006年版，第49页。
⑦ 张柏忠：《内蒙古科左中旗六家子鲜卑墓群》，《考古》1989年第5期。
⑧ 哲里木盟博物馆：《内蒙古霍林郭勒市辽墓清理简报》，《北方文物》1988年第2期。
⑨ 敖汉文物管理所：《内蒙古敖汉旗沙子沟、大横沟辽墓》，《考古》1987年第10期。
⑩ 裴耀军：《康平张家窑1号辽墓》，《辽海文物学刊》1996年第1期。
⑪ 刘谦：《辽宁锦州市张扛村辽墓发掘报告》，《考古》1984年第11期。
⑫ 黑龙江省博物馆：《哈尔滨新香坊墓地出土的金代文物》，《北方文物》2007年第3期。
⑬ 黑龙江省文物考古工作队：《绥滨永生的金代平民墓》，《文物》1977年第4期。

也有砺石出土，这两处墓葬原文断为金代、后经考证为辽代墓葬①。虽然在辽代有五品以上"文官佩手巾、算袋、刀子、砺石、金鱼袋"（《辽史·仪卫志二》）的规定，但上述出砺石的墓葬多为平民墓，并没有其他显示官阶的物品同出。

通过对三号墓随葬诸多器物的分析，多数无法准确判断其年代归属，据球腹罐的形制特点暂将本墓葬的年代确定为辽代晚期。

（四）四号墓

在四号墓葬的填土中发现一具马骨，辽代中晚期的墓葬中有在墓道殉葬马的现象，辽代早期的小型墓也有殉马的习俗，林西五间房的一处土坑竖穴墓中随葬有两两相对的马头颅骨，作者判定此墓的年代为辽代早期晚段至中期早段之间，即"澶渊之盟"前后②。敖汉旗范仗子101号墓的墓道中殉葬马骨架一具③，年代为统和十年至重熙年间；在辽宁法库肖袍鲁墓葬的墓门外发现有马牙④，这是一座辽代晚期（入葬年代为大安六年，即公元1090年）的大型砖室墓。随葬马、羊等动物骨骼，体现了契丹民族作为游牧民族的特有习俗之一。辽朝曾多次禁止过杀殉随葬，《辽史·圣宗纪》载：统和十年"春正月丁酉，禁丧葬礼杀马，及藏甲胄、金银、器玩"，但是在凌源温家屯瓦房店乡二号墓中发现了马头骨和四肢骨⑤，喀左北岭四号辽墓中也出有马头骨和四肢骨⑥，这两处墓葬被确定为辽代中晚期，可见禁令并没有达到预定的效果，因此《辽史·兴宗

---

① 冯永谦：《辽代铁器考古研究》，辽宁教育出版社2018年版，第190页。

② 王刚、吕清：《林西县五间房辽墓清理简报》，《内蒙古文物考古》2001年第1期。

③ 内蒙古自治区文物工作队：《敖汉旗范仗子辽墓》，《内蒙古文物考古》1984年第3期。

④ 冯永谦：《辽宁法库前山辽肖袍鲁墓》，《考古》1983年第7期。

⑤ 韩宝兴：《凌源温家屯辽墓发掘简报》，《辽海文物学刊》1994年第1期。

⑥ 武家昌：《喀左北岭辽墓》，《辽海文物学刊》1986年创刊号。

纪》中又有记载：重熙十一年"十二月丁卯，禁丧葬杀牛马及藏珍宝"，十二年六月"丙午，诏世选宰相、节度使族属及身为节度使之家，许葬用银器，仍禁杀牲以祭"，经过多次下诏，杀殉之风大概才得以控制。

　　四号墓出土的矮领罐（M4：1）与二号墓罐形制相似，只是器型略大，从口沿处的变化判断四号墓年代较二号墓略晚一些。敞口罐（M4：2）应是对契丹民族传统陶罐的继承，与哲里木盟几座契丹早期墓葬中的罐相似①，这类陶罐主要流行于辽中期以前②，从制作的粗糙程度看是专门用于随葬的明器。碗的器形一直变化不大，没有明显的演变规律，此墓随葬的瓷碗（M4：3）口径较小，不足9厘米，或可称为盏③，主要形制特征为弧腹、口沿下有一周突棱，工艺特征为胎质较粗糙、外壁施乳白色半釉，内底有支垫痕。具有类似特征的瓷碗也屡有发现，按照年代由早及晚的顺序有：关山7号墓葬（辽代早中期）的M7：17粗白瓷碗④，法库叶茂台8号墓（辽代中期）粗白瓷碗⑤，关山8号墓葬（辽代晚期）的M8：4粗白瓷碗⑥，沈阳八王寺地区（辽代中晚期）白瓷碗M10：1⑦。白瓷碗流行年代久、时代特征不突出，无法根据其他遗址的同类器物判断年代。

　　本墓葬出土的铁矛（M4：4）与铁镞（M4：6）均同二号墓形制相似，年代亦可相当。箭囊架（M4：8）与三号墓同类器物相似。根据与其他遗址同类器物的比较，初步将四号墓葬的年代断定为不早于辽代中期或偏晚。

---

①　哲里木盟博物馆：《内蒙古哲里木盟发现的几座契丹墓》，《考古》1984年第2期。

②　乔梁：《契丹陶器的编年》，《北方文物》2007年第1期。

③　彭善国：《辽代陶瓷的考古学研究》，吉林大学出版社2003年版，第153页。

④　辽宁省文物考古研究所编著：《关山辽墓》，文物出版社2011年版，第51页。

⑤　辽宁大学历史系考古教研室：《辽宁法库县叶茂台8、9号辽墓》，《考古》1996年第6期。

⑥　辽宁省文物考古研究所编著：《关山辽墓》，文物出版社2011年版，第61页。

⑦　沈彤林：《沈阳市区辽墓研究》，吉林大学硕士论文，2008年。

（五）五号墓

本墓葬的陶器具有契丹早期陶器的特征，高领罐（M5：1）与早期契丹墓葬中常见的壶形制相似，在陈巴尔虎旗西乌珠尔墓葬中壶与罐共出，放置于死者头部①。在高领罐的肩部有一刻划图案，在敖汉旗大横沟一处辽代早期墓葬的陶壶肩部发现了同样的符号②，阜新水泉沟石椁墓黑陶瓶的器底也有同样符号，水泉沟墓的年代为唐末五代初③。有学者研究发现，契丹早期陶器的器型演变规律为壶口沿由微卷演变为大卷直至圆唇侈沿，颈部由内凹演变为平直，瓶由鼓腹变为长圆腹④；至辽代晚期，同类器物的束颈渐直、器底渐平，如吉林双辽农场的长颈罐（M2:1）⑤。巴彦塔拉墓的高领罐从口沿、颈部和腹部的形制特征看应处于这类器物演变的中间阶段，年代不晚于辽代中期。无领罐（M5：2）制作较粗糙，与唐李敬彝墓出土白釉小瓷罐器型相似⑥；无领罐器底虽然为平底，但从器表看似有一圈假圈足，类似特征见于内蒙古宁城山嘴墓地的 Ba 型罐⑦。敞口罐（M5:5）的器表印有方格纹，在黑龙江绥滨永生墓地出土一件同类器，这处墓地原文定为金代平民墓葬⑧，有学者认为应为辽代五国部的文化遗存，绥滨地区是辽代五国部活动的区域⑨。

---

① 呼伦贝尔盟文物管理站：《陈巴尔虎旗西乌珠尔古墓葬调查清理简报》，《内蒙古文物考古》1997 年第 2 期。
② 敖汉旗文物管理所：《内蒙古敖汉旗沙子沟、大横沟辽墓》，《考古》1987 年第 10 期。
③ 阜新市博物馆筹备处：《辽宁阜新县契丹辽墓的清理》，《考古》1995 年第 11 期。
④ 张柏忠：《契丹早期文化探索》，《考古》1984 年第 2 期。
⑤ 王健：《吉林双辽县发现两座辽墓》，《考古》1983 年第 8 期。
⑥ 洛阳市文物考古研究院：《洛阳市唐代李敬彝墓清理简报》，《华夏考古》2019 年第 3 期。
⑦ 内蒙古文物考古研究所、内蒙古博物院：《内蒙古宁城山嘴墓地第一次发掘简报》，《文物》2015 年第 3 期。
⑧ 黑龙江省文物考古工作队：《绥滨永生的金代平民墓》，《文物》1977 年第 4 期。
⑨ 孙秀仁、干志耿：《论辽代五国部及其物质文物特征》，载东北考古与历史编辑委员会编：《东北考古与历史》，文物出版社 1982 年版，第 95 页。

　　螺旋状耳环曾经是青铜时代草原地区最为流行的饰品之一，其分布之广、流行时间之长，都是其他饰物所不能比拟的。据不完全统计，各地经正规发掘的六百余座辽代墓葬中出土金器的墓葬数量不足三十处，约占墓葬总数的 5%，金制品的种类主要有女性佩戴的耳环、耳坠、戒指、发钗等饰物，以及少量带饰、容器和佛教用器等。与巴彦塔拉出土金环形制相似的有克什克腾旗二八地一号辽墓出土一件金丝环，是由细金丝环绕成三周而成的弹簧状，环的直径为 2.5 厘米，这个墓葬属于辽代早期贵族墓①。在科左中旗的六家子墓地出土了大量金制和银制的螺旋状环饰物②，有学者经研究认为六家子墓地与匈奴有渊源关系，是早期东部鲜卑的宇文部遗存③，可见佩戴螺旋形环状饰物在契丹族中早有传统。在哈尔滨市新香坊墓地也出土两件螺旋形金指环④，冯永谦先生认为此墓地辽代成分较多，更可能是辽代女真人的墓葬⑤。在辽圣宗统治时期，曾多次提出对金银器物的使用禁令，"十年春正月丁酉，禁丧葬礼杀马，及藏甲胄、金银、器玩"⑥；"庚辰，禁服用明金、缕金、贴金"⑦；"丁丑，禁工匠不得销毁金银器"⑧。从墓葬中有金器随葬的现象看，此墓的年代不会太晚。

　　铁刀（M5∶4）呈刀尖上翘，同类器物出土于辽宁康平马莲屯⑨，

① 项春松：《克什克腾旗二八地一、二号辽墓》，《内蒙古文物考古》1984 年总第 3 期。
② 张柏忠：《内蒙古科左中旗六家子鲜卑墓群》，《考古》1989 年第 5 期。
③ 田立坤：《三燕文化遗存的初步研究》，《辽海文物学刊》1991 年第 1 期。
④ 黑龙江省博物馆：《哈尔滨新香坊墓地出土的金代文物》，《北方文物》2007 年第 3 期。
⑤ 冯永谦：《辽代铁器考古研究》，辽宁教育出版社 2018 年版，第 190 页。
⑥ （元）脱脱等撰：《辽史》卷十三《本纪第十三圣宗四》，中华书局 2016 年版，第 154 页。
⑦ （元）脱脱等撰：《辽史》卷十六《本纪第十六圣宗七》，中华书局 2016 年版，第 207 页。
⑧ （元）脱脱等撰：《辽史》卷十七《本纪第十七圣宗八》，中华书局 2016 年版，第 224 页。
⑨ 张少青：《辽宁康平发现的契丹、辽墓概述》，《北方文物》1988 年第 4 期。

辽宁阜新平原公主墓①，辽宁凌源小喇嘛沟二号墓②，黑龙江肇东蛤蜊城一号墓③，在遗址中也发现刀尖上翘的刀④，应是日常生活中的常用工具。出土刀尖上翘刀的墓葬死者均为女性，此类刀似专为女性使用。前述同出这种刀的墓葬中马莲屯为辽代早期墓葬，平原公主墓为辽代中期墓葬，其他两处年代不明。

综合对五号墓随葬器物的分析，陶器特征多见于辽代中期以前，故初步判断五号墓葬的年代不晚于辽圣宗时期或相当于圣宗时期。

（六）六号墓

随葬陶器中的矮领罐（M6：1）与二号墓中的罐器型接近，唯颈部略直，器身刻划有两组对向分布的鱼骨样纹，年代应与二号墓相当。与六号墓无领罐（M6：2）相近的器物见于北京赵德钧墓⑤、河北涿鹿臧知进墓⑥、廊坊市西永丰村辽墓⑦等，多处于辽南京道，应是接受中原文化影响的产物；从器型演变看，早期罐至器底斜收，之后腹部以下渐圆弧，因此本墓葬的无领罐约当于辽代中期后段或辽晚期器型。

随葬铁刀（M6：3）器型与五号墓同类器接近，亦为女性墓葬。

① 辽宁省文物考古研究所、阜新市考古队：《辽宁阜新县辽代平原公主墓与梯子庙4号墓》，《考古》2011年第8期。
② 辽宁省文物考古研究所编著：《凌源小喇嘛沟辽墓》，文物出版社2015年版，第52页。
③ 王修治：《黑龙江肇东县蛤蜊城古墓清理简报》，《考古》1961年第7期。
④ 吉林省文物考古研究所、辽源市文物管理所、东辽县文物管理所：《吉林省东辽县杨树排子地遗址考古发掘简报》，《北方文物》2015第2期。
⑤ 北京市文物工作队：《北京南郊辽赵德钧墓》，《考古》1962年第5期。
⑥ 张家口地区文管所、涿鹿县文管所：《河北涿鹿谭庄辽臧知进墓》，《文物春秋》1990年第3期。
⑦ 廊坊市文物管理处、安次区文物保管所：《廊坊市安次区西永丰村辽代壁画墓》，《文物春秋》2001年第4期。

在死者胸椎处发现一件平头铁镞，深入胸腔内部，应是墓主人致死的原因。在二号墓、三号墓与四号墓均出土同样形制的平头铁镞，似是主要作为打猎之用。北宋欧阳修在其《出使契丹诗·奉使道中五言长韵》中写道："儿童能走马，妇女亦腰弓"，契丹族女性也是经常参与打猎活动，可能五号墓死者在打猎的过程中被误伤致死。

六号墓与五号墓均有随葬动物骨的现象，且均为肋骨部位，放置位置相同。综合分析本墓随葬器物的年代特征，初步确定六号墓的年代为辽代中期偏晚段。

（七）七号墓

七号墓出土的两件陶器均为典型契丹风格的陶器，仿盘口瓜棱壶（M7 : 1）的形制与瓜棱壶相近，唯以刻划线纹代替凸起的瓜棱状，这种做法在赤峰市敖汉旗白塔子辽代早期墓葬中也有发现①。辽建国之前的陶器多具有器表施加篦点纹、器底内凹等特征，七号墓的瓜棱壶只在器表象征性地施加一些篦点纹，器底已演变为平底，应是辽代早期的器型。鼓腹罐（M7 : 2）在辽墓中多有出现，如阜新海力板辽早期墓②，内蒙古宁城山嘴墓地③等。海力板墓的鼓腹罐下部饰纹、底内凹，巴彦塔拉墓鼓腹罐年代较之应略晚。

七号墓随葬铁刀与二号墓刀相近，铁镞在二、三、五号墓有同类器，箭囊架与三、四号墓出土物几无二致。从七号墓随葬陶器形制分析，此墓的年代为辽代早期较晚段，约为 10 世纪中期。

---

① 内蒙古文物考古研究所：《赤峰市敖汉旗白塔村辽代墓葬》，《内蒙古文物考古》2010 年第 1 期。
② 辽宁省文物考古研究所、阜新市文化局文物组、阜新县文物管理所：《阜新海力板辽墓》，《辽海文物学刊》1991 年第 1 期。
③ 内蒙古文物考古研究所、内蒙古博物院：《内蒙古宁城山嘴墓地第一次发掘简报》，《文物》2015 年第 3 期。

（八）八号墓

八号墓葬在清理过程中发现有生土二层台现象，这种带有二层台的墓葬形制在其他辽墓中也偶有发现，如林西五间房的一座辽代竖穴土坑墓①、敖汉白塔子辽墓②，这两座均为辽代较早期的墓葬。

本墓葬随葬器物最为丰富，计有九种。矮领罐（M8：1）与二号墓矮领罐形制相近，但器型加高、颈部加长、器壁更薄；陶罐肩部刻划有"田"字形印迹，在巴林左旗白音高洛南山窑中出土的一件三叉形支钉中心处印有"田"字形符号③，或许是区分不同窑口或工匠的印记。矮领罐的颈部饰有磨光暗纹，这种装饰工艺在辽宁阜新梯子庙四号墓（辽代中期）装饰有交叉暗纹的罐 TM4：3 上能见到④，是继承了鲜卑陶器的装饰风格，在辽宁北票大板营子墓葬中的陶器颈部多饰竖条状磨光暗纹⑤，在辽代遗址中的陶器上较多见（见于巴彦塔拉辽代遗址）。双系罐普遍出现于辽金时期遗址，与八号墓出土器物（M8：2）相似的有辽宁岫岩辽金遗址的 T19：1⑥，朝阳林四家子 M1：14⑦ 等双系罐。据学者研究，早中期的双系罐腹部圆鼓，至晚

① 王刚、吕清：《林西县五间房辽墓清理简报》，《内蒙古文物考古》2001 年第 1 期。
② 内蒙古文物考古研究所：《赤峰市敖汉旗白塔村辽代墓葬》，《内蒙古文物考古》2010 年第 1 期。
③ 彭善国：《内蒙古巴林左旗白音高洛南山窑址的调查》，《草原文物》2011 年第 2 期。
④ 辽宁省文物考古研究所、阜新市考古队：《辽宁阜新县辽代平原公主墓与梯子庙 4 号墓》，《考古》2011 年第 8 期。
⑤ 王宇、万欣：《辽宁北票市大板营子墓地的勘探与发掘（续）》，载辽宁省文物考古研究所、日本奈良文化财研究所编著：《辽西地区东晋十六国时期都城文化研究》，辽宁人民出版社 2017 年版，第 1 页。
⑥ 辽宁省文物考古研究所、岫岩满族博物馆：《辽宁岫岩县长兴辽金遗址发掘简报》，《考古》1999 年第 6 期。
⑦ 辽宁省文物考古研究所：《朝阳市林四家子辽墓发掘简报》，《北方文物》2013 年第 2 期。

期则演变为溜肩式①，巴彦塔拉双系罐系口沿外卷、溜肩式，腹部以下斜收至底，为双系罐中较晚期的器型特征。

　　八号墓出土的白釉碗（M8：4）与四号墓碗形制相似，唯尺寸略大，在口沿处同样有一周凹弦纹，这种风格在五代时期的定窑瓷器上已出现，河北涧磁村五代墓 M5 出土的瓷碗与钵的口沿都有一周凹槽②。此类碗甚至在金代还在普遍使用，如辽上京东门遗址地层③，辽宁辽阳江官屯窑址④等遗址的出土物。碗内底带有三叉形支钉垫烧的痕迹，这也是定窑烧造瓷器的常用方式。在辽上京皇城内发现的窑址中能见到大量三叉形支钉作为垫烧工具⑤，直径 4 厘米至 8 厘米不等。从形制演变看，四号墓瓷碗腹壁斜直，八号墓瓷碗则腹壁较弧，参照学者对北京地区辽金瓷器的分期，碗的演变为唇沿渐宽、腹壁越来越弧⑥，八号墓碗应晚于四号墓碗。

　　辽代墓葬中多随葬敛口、圜底、兽足的釜，或称釜形鼎，是契丹人日常生活中习见的一种炊器。八号墓出土的铁鼎（M8：3）上带双立耳、下附三足，便于移动和在野外进行炊食，这类鼎带有浓郁的汉文化因素，在唐代墓葬中较常见，如辽宁朝阳唐代韩贞墓出土的三足铁鼎⑦，河南新郑市的盛唐时期土洞墓中出土的铁鼎⑧，河北曲阳晚唐墓葬中出土的瓷质三足炉⑨等。辽代遗址中出土的同类器物最早的一

---

①　张翠敏：《辽宁境人辽属汉人分布区遗址出土陶器及相关问题研究》，载刘宁主编：《辽金历史与考古（第五辑）》，辽宁教育出版社 2014 年版，第 43 页。

②　河北省文化局工作队：《河北曲阳涧磁村发掘的唐宋墓葬》，《考古》1965 年第 10 期。

③　中国社会科学院考古研究所内蒙古第二工作队、内蒙古文物考古研究所：《内蒙古巴林左旗辽上京宫城东门遗址发掘简报》，《考古》2017 年第 6 期。

④　辽宁省文物考古研究所：《辽宁辽阳市江官屯窑址第一地点 2013 年发掘简报》，《考古》2016 年第 11 期。

⑤　李文信：《林东辽上京临潢府故城内瓷窑址》，《考古学报》1958 年第 2 期。

⑥　李华：《北京地区辽金时期陶瓷器分期》，《文物春秋》2011 年第 6 期。

⑦　朝阳地区博物馆：《辽宁朝阳唐韩贞墓》，《考古》1973 年第 6 期。

⑧　河南省文物考古研究所：《河南新郑市摩托城唐墓发掘简报》，《华夏考古》2005 年第 4 期。

⑨　河北省文化局文物工作队：《河北曲阳涧磁村发掘的唐宋墓葬》，《考古》1965 年第 10 期。

件见于山西大同辽代军节度使许从赟墓 [1]，墓主葬于辽代景宗乾亨四年（公元 982 年），是一座辽代早期的纪年墓；北京怀柔亦发现一件类似器 [2]，被称为锅；此外，在一些墓葬中出土了与巴彦塔拉铁鼎形制相似的陶鼎，有辽宁朝阳马场村辽墓 [3]，河北宣化辽代壁画墓，张恭诱墓 [4] 等辽代晚期墓葬，出土地多属辽境内汉族人的墓葬，因而这类形制的鼎是受中原文化影响的产物。

辽代遗址中发现的铁斧变化不大，在辽代晚期的墓葬中仍维持弧背、方刃、中间带銎孔的形制 [5]，因此无法根据铁斧（M8：7）确定墓葬的准确年代。铁矛（M8：9）与二号墓、四号墓铁矛形制相似。铁镞（M8：8）与二号墓、三号墓、四号墓、五号墓、七号墓镞形制相近。

八号墓中的骨环（M8：5）出土于死者耳部，应为耳饰，此墓葬的死者为一男性。契丹人无论男女都有佩戴耳饰的习俗，墓葬中出土的女性耳饰数量与种类较多，而男性的耳部佩饰则较少，骨环则是契丹族男子佩戴的一种耳饰。吉林双辽墓葬中出土了同类器物 [6]，形制与大小均与巴彦塔拉墓一致，大量的辽墓壁画资料也向我们呈现了辽代男子佩戴耳环的情况，如敖汉旗北三家辽墓墓道西壁马首处立的戴耳环契丹人 [7]，巴林左旗滴水壶墓引马出行图、归来图、调羹图、敬食图等壁画上的侍从，巴林左旗前进村辽墓备宴图中的两侍从，关山辽墓 M5 北壁壁画中的侍从，通辽库伦旗奈林稿苏木前勿力布格

[1]　王银田、解廷琦、周雪松：《山西大同市辽代军节度使许从赟夫妇壁画墓》，《考古》2005 年第 8 期。

[2]　北京市文物工作队：《北京出土的辽、金时代铁器》，《考古》1963 年第 3 期。

[3]　朝阳市文物考古研究所：《辽宁朝阳马场村辽墓发掘简报》，《文物春秋》2016 年第 Z1 期。

[4]　张家口市文物事业管理所、张家口市宣化区文物保管所：《河北宣化下八里辽金壁画墓》，《文物》1990 年第 10 期。

[5]　辽宁省文物考古研究所、锦州市文物考古研究所、北镇市文物处：《辽宁北镇市辽代耶律弘礼墓发掘简报》，《考古》2018 年第 4 期。

[6]　王建：《吉林双辽县发现两座辽墓》，《考古》1983 年第 8 期。

[7]　敖汉旗文物管理所：《内蒙古昭乌达盟敖汉旗北三家辽墓》，《考古》1984 年第 11 期。

村一号墓的侍从，宣化下巴里Ⅱ区墓葬壁画中的 M2 持马球杆和背箭
囊侍从。这些壁画中佩戴耳环的男性都有一共同点，即身份多为髡
发的侍从，有的为引马的侍从，有的为捧食的侍从，可见耳环的佩
戴者均为典型的契丹人，且多为身份较低的下人，但也有个别情况，
如一头戴帽的男性也佩戴了耳环。出土这类壁画题材的墓葬皆为辽
代晚期墓葬，在辽代早中期墓葬中还未见此种形制的耳环，吉林双
辽墓也定为辽代晚期。据此判断骨环主要流行于辽代晚期的契丹男
性平民阶层。箭囊架（M8：6）与三号墓、四号墓、七号墓同类出
土物相似。

　　从八号墓随葬的器物来看，双系罐与骨环均为辽代晚期流行的形
制，其他器物流行时间较久，综合分析各器物形制特征，将八号墓定
为辽代晚期。

（九）九号墓

　　九号墓葬仅出土一件完整敞口陶罐（M9：1），器型与四号墓敞
口罐近似，表面压印的方格纹与五号墓敞口罐相似，年代也亦相当。

　　巴彦塔拉墓地九座墓葬形制一致，随葬器物多有相似，彼此年代
应相差不远，通过对各墓葬出土器物的综合分析，初步确定各墓葬的
年代如下：七号墓年代最早，为辽代早期晚段，约为 10 世纪中期；五
号墓年代其次，为辽代中期前段，不晚于辽圣宗期或相当于圣宗阶
段；二号墓为辽代中期，四号墓与六号墓为辽代中期偏晚段；三号墓
与八号墓为辽代晚期，一号墓与九号墓年代暂无法确定。

（十）结　语

　　契丹平民墓葬发现较多，概因出土资料较贫乏，能见诸文献者较
少。巴彦塔拉辽墓以其较丰富的考古材料，为我们了解契丹族普通民

众的生产生活情况提供了宝贵的素材。早期的契丹人墓葬一般为死者头向西北或正北的土坑竖穴墓,随葬陶器多为大口罐、瓜棱壶和长颈壶,以及彰显游牧民族特点的铁器等①。巴彦塔拉地处西拉木伦河即古潢水以北的巴林草原,这里是松漠腹地,也是契丹人世世代代生活的重要区域,这里距离辽上京不足一百千米,无论从地域所属还是文化所属,巴彦塔拉墓葬的主人都是典型的契丹人无疑。从巴彦塔拉墓地的特点来看,既继承了传统的契丹人的埋葬习俗和文化特点,又反映了发展过程中与其他民族文化交流的现象。

契丹族源于宇文鲜卑部落,虽统领北方草原多年,在与各部族的交往中也吸取了大量新鲜元素,但是一些源自古老民族传统的现象仍顽强地保留着。巴彦塔拉墓地所在的地形较为平坦,所有墓葬皆为西北—东南向,墓葬中死者尸骨保存较好的无一例外头朝向西北方,这与鲜卑人埋葬习俗一致。所用日常生活物品,尤其是陶器仍保留有浓郁的鲜卑陶器的风格②。在七世纪初期,契丹人就开始了与唐朝的正式友好往来③,在羁縻制度的统治下,包括契丹人的北方各民族大量吸收借鉴了来自唐朝的文化,包括汉民族在内的大量各民族人口也被融入了契丹人的生活区域。因此,在距离辽上京不远的巴彦塔拉地区保留了不少唐朝文化和其他民族的文化因素,随着辽朝的深入统治,各种文化因素的深入融合,逐渐形成了具有鲜明特色的契丹辽文化。

契丹辽文化的发展壮大不仅在于对文化的借鉴与吸收,也在于对先进生产技术的学习与利用。在与中原地区的战争中,契丹人不仅夺城占地,还将俘获的人口迁入契丹腹地,并置州县安置,这些人中有大量掌握各项生产技术的工匠,他们为契丹辽文化的发展注入了鲜活

---

① 毕德广:《契丹早期墓葬研究》,《考古学报》2016年第2期。

② 王宇:《北票大板营子墓地出土陶器研究》,载辽宁省文物考古研究所、日本奈良文化财研究所编著:《辽西地区东晋十六国时期都城文化研究》,辽宁人民出版社2017年版,第107页。

③ 任爱君:《唐代契丹羁縻制度与“幽州契丹”的形成》,《中国边疆史地研究》2008年第1期。

的血液。契丹人在与周边其他人群的长期交流交往过程中，逐渐吸收各种文化因素，形成了强大的契丹民族特色。巴彦塔拉辽代墓葬中多种文化因素的存在，恰恰反映了民族融合与民族团结是一直存在于广大民族地区的普遍现象。

巴彦塔拉遗址
出土动物骨骼鉴定报告

马敏敏　董佳佳　贾　鑫①

　　巴彦塔拉遗址位于内蒙古赤峰市巴林右旗巴彦塔拉苏木。2011年七八月间，赤峰学院历史文化学院师生对该遗址进行了发掘，出土了铜器、石器、骨器、金器等遗物四十余件，同时还出土了大量的动物骨骼，是一处辽代的居住址②。

（一）方法和材料

　　考古人员在发掘过程中严格按照最小堆积单位细致收集动物骨骼，便于整理鉴定过程中不同单位对比统计分析。在整理过程中，按照出土单位、种属、部位、方位（左右）、痕迹、数量、测量数据的顺序进行鉴定并记录。鉴定及测量方法主要参考《动物骨骼图谱》《考古遗址出土动物骨骼测量指南》等中外文资料③。

---

① 　马敏敏：兰州大学资源环境学院；董佳佳：兰州大学资源环境学院；贾鑫：南京师范大学地理科学学院。

② 　孙永刚：《巴林右旗巴彦塔拉遗址与墓葬群》，《内蒙古文物考古年报》2011年。

③ 　［瑞士］伊丽莎白·施密德：《动物骨骼图谱》，李天元译，中国地质大学出版社1992年版。［德］安格拉·冯登德里施：《考古遗址出土动物骨骼测量指南》，马萧林、侯彦峰译，科学出版社2007年版。中国社会科学院考古研究所科技中心：《考古遗址出土动物骨骼图谱》，待刊。［苏联］B.格罗莫娃：《哺乳动物大型管状骨检索表》，刘后贻等译，科学出版社1960年版。

所鉴定动物骨骼样品均出土于巴彦塔拉遗址 2011 年发掘的 G1、H4、H22、H27、H30、H37、H45 等 31 个单位，由于在埋藏过程中各种因素的影响，骨骼较破碎，本次鉴定共计 372 件，其中可鉴定标本数（The Number of Identified Specimen，简称 NISP）仅 193 件，代表动物最小个体数（The Minimum Number of Individual，简称 MNI）86 个。另 179 件由于太过破碎，仅以大、中、小哺乳动物区分。

（二）鉴定结果

该批样品中可鉴定标本包括头骨、上 / 下颌骨、肢骨和肋骨等部位，属种较少。哺乳纲中有犬科（Canidae）、马（Equus caballus）、牛亚科（Bovidae）、羊亚科（Caprinae）、鹿科（Cervidae）、猪科（Suidae）、骆驼（Camelus）、小型啮齿动物（Glires）、小型食肉动物（Carnivore），现分述如下。

哺乳纲（MAMMALIA）

1. 食肉目（Carnivora）

犬科（Canidae）

可鉴定标本数为 7，代表动物最小个体数为 3。

上颌骨共 1 件，保存牙齿 M3。

下颌骨共 2 件，左、右侧各 1 件。左侧下颌骨无保存牙齿，右侧所保存的牙齿为 P3、P4、M1、M2、M3，其中 M2 和 M3 上有小孔。

桡骨共 1 件，为左侧桡骨近端，体度完整，长度为 1/4—1/2。

肋骨共 1 件，长度为 5 厘米至 10 厘米。

腰椎共 1 件，体度大于 3/4。

枢椎共 1 件，体度大于 3/4。

狗（Canis familiaris）

可鉴定标本数为 8，代表动物最小个体数为 5。

尺骨共 2 件，左右侧各 1 件，均为尺骨近端，右侧尺骨体度大于 3/4，长度为 1/2—3/4；左侧尺骨体度大于 3/4，长度为 1/4—1/2。

上颌骨共 3 件，左侧 1 件，右侧 2 件，左侧上颌骨保存牙齿 C、M1、M2；右侧上颌骨 1 保存牙齿 M1、M2，右侧上颌骨 2 保存牙齿 C。

下颌骨共 1 件，为左侧下颌骨，保存牙齿 C、P1、P2、P3、P4、M1、M2、M3，其中 C、P1、M3 有小孔。

头骨共 2 件，其中 BBT0206H37 出土的头骨体度完整，保存牙齿为左侧 P4 和右侧 M1；BBT0206H47 出土的头骨保存牙齿为左侧 M1、M2、M3，右侧 M1、M2、M3，其中左侧 M1 和 M2 已残。

2. 奇蹄目（Perissodactyla）

马科（Equidae）

马（Equus caballus）

可鉴定标本数为 70，代表动物最小个体数为 27。

第二趾骨共 4 件，左侧 3 件，右侧 1 件，左侧 2 件和右侧 1 件体度、长度均完整。

第一趾骨共 6 件，左侧 4 件，右侧 2 件，均保存完整，其中 BBT0204H38 出土的右侧第一趾骨有部分黑色烧痕。

第三趾骨共 2 件，体度均大于 3/4。

表 1　出土部分马趾骨测量数据（mm）

遗迹单位	部位	方位	GL	Bp	Dp	SD	Bd
BBT0201H4	第二趾骨	左侧	44.04	52.55	28.83	47.08	23.81
BBT0204H28	第二趾骨	左侧	43.59	45.73	29.78	41.12	46.05
BBT0205H27	第二趾骨	右侧	48.59	52.79	31.73	43.22	47.36
BBT0204H28	第一趾骨	左侧	82.01	49.27	32.43	30.91	38.61
BBT0204H35	第一趾骨	右侧	20.97	55.08	37.74	35.17	43.38
BBT0204H38	第一趾骨	左侧	76.1	52.66	36.86	29.94	39.23
BBT0204H38	第一趾骨	右侧	79.7	51.99	35.22	31.77	39.16

续表

遗迹单位	部位	方位	GL	Bp	Dp	SD	Bd
BBT0204H48	第一趾骨	左侧	81.75	53.81	38.65	34.58	42.43
BBT0206H37	第一趾骨	左侧	86.1	54.25	35.33	34.53	44.13

跟骨共2件，左右侧各1件，其中左侧为跟骨远端，已愈合，体度完整，长度为1/2—3/4；右侧跟骨体度完整，长度为1/4—1/2。

肱骨共1件，为左侧肱骨远端，体度大于3/4，长度小于1/4。

胫骨共5件，4件为左侧胫骨，其中1件为胫骨骨干，1件为胫骨近端，3件为胫骨远端。BBT0104H45出土的左侧胫骨远端已愈合；BBT0106H22出土的左侧胫骨近端有轻微骺线；BBT0106H34出土的左侧胫骨远端有骺线。

距骨共3件，均为左侧距骨，其中BBT0204H30出土的左侧距骨有砍痕，其余2件体度和长度均完整。

上颌骨共1件，保存左侧两门齿。

趾骨共3件，左右侧各1件，1件由于太过破碎无法辨别方位，其中BBT0201H4出土的右侧趾骨体度和长度均完整。

除上述骨骼外，该批样品中还包括掌骨4件，寰椎3件，髋臼1件，桡骨1件，枢椎1件，头骨2件，腕骨2件，游离齿等其他骨骼29件。

3. 偶蹄目（Artiodactyla）

可鉴定标本数为1，代表动物最小个体数为1。

掌骨共1件，为鹿/牛左侧掌骨远端，体度为1/4—1/2，长度为小于1/4，有烧痕，呈灰黑色。

A 牛科（Bovidae）

Ⅰ 牛亚科（Bovinae）

可鉴定标本数为63，代表动物最小个体数为21。

第二趾骨共3件，左侧1件，右侧2件。左侧趾骨最大长为41.37毫米，近端宽为32.33毫米，近端厚为35.97毫米，骨干最小宽为 25.94 毫米，远端宽为 27.94 毫米。

第一趾骨共 6 件，左侧 3 件，右侧 3 件，左右各有 2 件保存完整。

跟骨共 1 件，为右侧跟骨骨干。

股骨共 5 件，左侧 3 件，右侧 2 件。其中 BBT0201H4 出土的左侧股骨远端有骺线；BBT0203H27 出土的右侧股骨近端已愈合。

胫骨共 4 件，左侧 3 件，1 件由于太过破碎无法辨别方位，其中 BBT0203H27 出土的左侧胫骨远端有砍痕；BBT0206H47 出土的左侧胫骨远端有烧痕；BBT0204 第一层出土的胫骨未愈合。

距骨共 5 件，左侧 3 件，右侧 2 件。其中 BBT0204 第一层出土的左侧距骨呈灰黄色。

表 2　出土部分牛距骨测量数据（mm）

遗迹单位	部位	方位	Bd	GLl	GLm	Dl	Dm
BBT0202H2	距骨	右侧	36.96	57.88	53.48	31.8	28.81
BBT0204H30	距骨	左侧	44.31	63.53	59.31	34.38	33.35
BBT0204H46 第一层	距骨	左侧	36.65		53.46	30.55	29.15
BBT0204H48	距骨	左侧	38.75	55.37	31.16	52.04	28.08

盆骨共 2 件，均为右侧盆骨，BBT0204H30 出土的右侧盆骨有烧痕，呈灰白色。

下颌骨共 2 件，左右侧各 1 件。左侧下颌骨保存牙齿为 P2、P3、P4、M1、M2、M3，其中 P2 和 M3 已残，P4 磨蚀程度为 H，长为 21.86 毫米，宽为 10.43 毫米，M1 磨蚀程度为 K，长为 23.99 毫米，宽为 14.15 毫米，M2 磨蚀程度为 H，长为 26.85 毫米，宽为 12.99 毫米，M3 磨蚀程度为 G；右侧下颌骨保存牙齿为 P4、M1、M2，P4 磨蚀程度为 H，长为 18.15 毫米，宽为 11.11 毫米，M1 磨蚀程度为 N，长为 20.94 毫米，宽为 14.32 毫米，M2 磨蚀程度为 K，长为 24.33 毫米，宽为 14.64 毫米。

除上述骨骼外，该批样品中还包括跗骨 1 件，中央跗骨 1 件，肱骨 2 件，寰椎 3 件，肩胛骨 4 件，角 3 件，髋骨 1 件，桡骨 1 件，腕骨2件，趾骨3件，游离齿等其他骨骼14件。

Ⅱ 羊亚科（Caprinae）

可鉴定标本数为13，代表动物最小个体数为6。

距骨共3件，左侧1件，右侧2件。BBT0204H30出土的右侧羊距骨和BBT0205H27出土的左侧羊距骨有烧痕，呈灰黑色；BBT0205H27出土的右侧羊距骨呈红色。

桡骨共2件，均为左侧近端桡骨，保存完整。

除上述骨骼外，该批样品中还包括第二趾骨1件，肱骨1件，下颌骨1件，趾骨1件，游离齿4件。

B 鹿科（Cervidae）

可鉴定标本数为16，代表动物最小个体数为12。

第二趾骨共2件，均为左侧第二趾骨。其中，BBT0206H47出土的鹿的第二趾骨有烧痕，发生形变，呈灰色。

胫骨共1件，为小型鹿科动物右侧胫骨近端，近端脱落，未愈合。

距骨共2件，1件为右侧距骨。BBT0201H4出土的距骨有烧痕；BBT0205H27出土的右侧距骨有加工磨平痕迹。

盆骨共1件，为左侧盆骨，有髋臼。

跖骨共1件，为大型鹿科动物跖骨骨干。

除上述骨骼外，该批样品中还包括第一趾骨1件，肱骨1件，肩胛骨1件，荐骨1件，鹿角1件，上颌骨1件，掌骨1件，椎骨1件，游离齿1件。

C 猪科（Suidae）

可鉴定标本数为12，代表动物最小个体数为8。

肩胛骨共2件，左侧1件，体度为1/4—1/2，长度为1/4—1/2。

盆骨共2件，左右侧各1件，左侧盆骨体度完整，有骶骨和髋臼；右侧盆骨有髋臼。

除上述骨骼外，该批样品中还包括头骨及碎块6件，下颌骨1件，胸椎骨1件。

D 骆驼科（Camelus）

可鉴定标本数为 1，代表动物最小个体数为 1。

距骨共 1 件，为左侧距骨，体度完整，长度大于 3/4，GLM 为 71.12 毫米，DM 为 41.22 毫米。

4. 小型啮齿动物（Glires）

可鉴定标本数为 1，代表动物最小个体数为 1。

下颌骨共 1 件，出土于 BBT0104H45，无牙齿。

5. 小型食肉动物（Carnivore）

可鉴定标本数为 1，代表动物最小个体数为 1。

肋骨共 1 件，出土于 BBT0206H50，长度为 5 厘米—10 厘米。

（三）分析与讨论

1. 动物骨骼数量分析

在该批样品中，共出现了狗、马、牛、羊、鹿、猪、骆驼、小型啮齿动物、小型食肉动物 10 种动物。在 193 件可鉴定标本中，马骨骼有 70 件，占可鉴定标本总量的 36.27%；其次为牛骨骼，共计 63 件，占可鉴定标本总量的 32.64%。具体动物骨骼可鉴定样本数据见表 3 及图 2。

表 3　动物骨骼可鉴定标本数据

动物种属	狗	犬科	马	偶蹄目	牛	羊	鹿	猪	骆驼	小型啮齿动物	小型食肉动物
NISP	8	7	70	1	63	13	16	12	1	1	1
百分比（%）	4.15	3.63	36.27	0.52	32.64	6.74	8.29	6.22	0.52	0.52	0.52
MNI	5	3	27	1	21	6	12	8	1	1	1
百分比（%）	5.81	3.49	31.40	1.16	24.42	6.98	13.95	9.30	1.16	1.16	1.16

（可鉴定标本总数为 193，单位：件；最小个体总数为 86，单位：个）

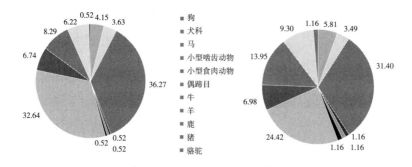

图 2　动物骨骼分布示意图（左：NISP；右：MNI）

2. 从出土动物骨骼看巴彦塔拉先民的生业模式

巴彦塔拉遗址出土的动物骨骼主要来自灰坑，因此推断这些动物骨骼应该为先民肉食消耗所剩的骨骼碎块，从中我们可以管窥巴彦塔拉先民在食物结构和生业方式等方面的一些特点[1]。可鉴定标本数据和最小个体数均显示马在出土动物中占据主要地位，且各单位基本上均出土有马骨骼，可以看出马在草原游牧部落中的重要地位，"马逐水草，人仰潼酪，挽强射生，以给日用"[2] 的狩猎是先民主要的狩猎模式；出土动物中可鉴定标本数和最小个体数仅次于马骨骼的是牛骨骼，且出土遗迹单位较分散，说明当时已出现农业耕作且占有一定比重，但农耕技术与辽中京道和南京道相比较不发达[3]。其次出土较多的是鹿科动物骨骼，说明当时遗址周围鹿科动物较多，先民狩猎易获得；除此之外，遗址中还出土了犬科、猪、骆驼等动物骨骼，表明遗址周围资源丰富，生态环境优越。从遗址出土骨骼来看，骨骼分布广泛且较分散，不少骨骼上有砍烧的痕迹，这些均为定居聚落出土骨骼的普遍特征，这些迹象均显示当时已经形成农

---

① 参见何锟宇、陈剑：《马尔康哈休遗址出土动物骨骼鉴定报告》，载成都文物考古研究所编著：《成都考古发现（2006）》，科学出版社 2008 年版。

② 《辽史》卷五十九《食货志上》。

③ 孙永刚：《巴彦塔拉辽代遗址植物遗存及相关问题研究》，《赤峰学院学报》2013 年第 8 期。

牧结合的生业模式。

（四）结　论

通过对巴彦塔拉遗址出土的动物骨骼进行整理和分析，加之大量的文献记载与植物考古学材料表明巴彦塔拉先民既发展农耕经济，畜养猪、狗、牛、羊、马，又以狩猎经济作为肉食资源的补充，捕获鹿、骆驼、犬科、小型食肉动物等野生动物，形成了农牧结合的生业模式。

内蒙赤峰巴彦塔拉辽代遗址植物浮选结果分析报告

孙永刚　赵志军 ①

巴彦塔拉遗址位于内蒙古赤峰市巴林右旗巴彦塔拉苏木，是一处辽代的居住址，遗址东西长约 70 米，南北长约 60 米，总面积为 4200 平方米。2011 年，为配合集通铁路复线建设工程，受内蒙古文物考古研究所委托，赤峰学院历史文化学院 2010 级考古学专业师生对该遗址进行了抢救性发掘。揭露面积为 1200 平方米，清理出灰坑 51 个，灶 1 个，沟 4 条，出土了铜器、石器、骨器、金器等遗物四十余件，同时还出土了大量的动物骨骼。②

在发掘过程中，我们采用了浮选法系统获取遗址中埋藏的植物遗存，本文拟通过对出土植物遗存的种属鉴定与分析，探讨当地的生产和生活状况。

（一）采样与浮选

伴随发掘过程，我们采用了针对性采样法进行浮选土样采集，即以各种性质比较明确的遗迹为主要采样单位，包括灰坑、沟等，进行

---

①　孙永刚：赤峰学院历史文化学院；赵志军：中国社会科学院考古所。

②　孙永刚：《巴林右旗巴彦塔拉遗址与墓葬群》，载内蒙古文物考古研究所编：《内蒙古文物考古年报》，2011 年总第 8 期。

了浮选土样的采集。先后共采集了选土样 39 份，浮选的土量总计为 219 升，平均每份浮选样品的土量约为 5.6 升。采样点几乎涉及此次发掘的所有区域，所以，这批浮选土样基本可以代表此次发掘范围内植物遗存的埋藏状况。

采集的土样在赤峰学院考古学实验中心进行了浮选，使用的浮选设备是水波浮选仪，收集浮出碳化物的分样筛的规格是 80 目（筛网孔径 0.2 毫米）。浮选结果在当地阴干后，移至中国社会科学院考古研究所科技考古研究中心植物考古实验室进行分类、植物种属鉴定和分析。

（二）分类与鉴定

对浮选结果的分类与鉴定工作主要包括两个步骤，首先是将炭化植物与其他性质的浮出物质如细小的动物骨骼及现代植物等区分开，然后再将炭化植物进一步细分为炭化木、种子、硬果壳等不同类别，分别加以鉴定和统计。

巴彦塔拉遗址浮选结果除了一定量的炭化木屑外，发现了数量众多的植物种子。

1. 炭化木屑

炭化木屑是指经过燃烧的木头的残存，其主要来源应该是未燃尽的燃料，或遭到焚烧的建筑木材以及其他用途的木料等①。该遗址浮选出土的炭化木屑大多十分细碎，但通过显微镜观察，木屑的细胞结构如导管、筛管和纤维等清晰可见。依据这些细胞结构的特点可以进一步对出土木屑进行研究，"可以鉴定树种，从而复原古代植被，而且利用特有种和建群种的生态习性对环境和气候进行定性和定量分

---

① 赵志军：《登封王城岗遗址浮选结果及分析》，载赵志军：《植物考古学：理论、方法和实践》，科学出版社 2010 年版，第 147 页。

析。尤其灰坑中的薪炭遗存，多属于当地植被的优势种或建群种，它们具有较强的气候指示意义，能代表较小地理范围内的地方性植被、气候特征，具有更高的生态分辨率，有助于理解古代不同文化时期的人地关系"①。

我们所做的是对出土的炭化木屑作为统一的类别进行量化分析，具体做法是，利用标准分样筛将各样品中大于 1 毫米的炭化木屑筛选出来，称重计量，然后以样品为单位进行等量换算，以求寻找具有某种文化意义的现象或规律。巴彦塔拉遗址 39 份样品所含炭化木屑的总量为 7.788 克，平均每份样品所含炭化木屑仅为 0.2 克，与其他考古遗址相比，巴彦塔拉遗址浮选样品炭化木屑含量比较低。

2. 植物种子

在巴彦塔拉遗址 39 份浮选样品中共发现了 867 粒各种炭化植物种子。平均每份浮选样品出土炭化植物种子约 22 粒。这些出土的炭化植物种子的数量虽然不多，但品种很丰富，包括粟（Setaria italica）、黍（Panicum miliaceum）、大麦（Hordeum vulgare）、荞麦（Fagopyrum esculentum）、栽培稗（Echinochloa esculenta）和大麻（Cannabis sativa）六种农作物的籽粒，合计 596 粒，占所有出土炭化植物种子总数的 69%。其他可鉴定的有禾本科（Poaceae）、藜科（Chenopodiaceae）、豆科（Leguminosae）、菊科（Compositae）、锦葵科（Malvaceae）等常见的植物种子（见表一）。

表一　浮选出土植物种子统计表

植物种属	绝对数量	数量百分比
粟（*Setaria italica*）	213	24.6%
黍（*Panicum miliaceum*）	205	23.6%
大麦（*Hordeum vulgare*）	3	0.3%

① 王树芝：《木炭碎块在考古学研究中的作用》，《中国文物报》2003 年 7 月 11 日。

续表

植物种属	绝对数量	数量百分比
栽培稗（*Echinochloa esculenta*）	4	0.5%
荞麦（*Fagopyrum esculentum*）	4	0.5%
大麻（*Cannabis sativa*）	167	19.3%
狗尾草属（*Setaira*）	71	8.2%
马唐属（*Digitaria*）	5	0.6%
藜属（*Chenopodium*）	127	14.6%
虫实属（*Corispermum*）	9	1%
猪毛菜属（*Salsola*）	4	0.5%
苜蓿属（*Medicago*）	2	0.2%
胡枝子属（*Lespedeza*）	6	0.8%
猪屎豆属（*Crotalaria*）	2	0.2%
地肤属（*Kochia*）	3	0.3%
苍耳（*Xanthium sibiricum*）	2	0.2%
冬葵（*Malva crispa Linn.*）	21	2.4%
未知	19	2.2%
合计	867	100%

在巴彦塔拉遗址浮选出土的农作物籽粒中，炭化粟的数量为213粒，约占出土农作物籽粒总数的36%，占出土植物种子总数的24.6%。这些炭化粟粒均呈近圆球状，直径多在1.2毫米左右，粟粒的表面较光滑，胚部较长，因烧烤而爆裂呈凹口状（图一）。

巴彦塔拉遗址出土的炭化黍粒的数量为205粒，约占出土农作物籽粒总数的34%，占出土植物种子总数的23.6%。这些炭化黍粒的形状也是近圆球状，但个体相对炭化粟粒较大，籽粒长度多在1.8毫米，宽度和厚度多在1.6毫米。表面较粗糙，胚区较短，爆裂后呈"V"状（图二）。

巴彦塔拉遗址浮选出土的炭化大麦数量非常少，计3粒，仅占

出土农作物籽粒总数的 0.5%。这些炭化大麦平均残长 4 毫米、宽
2.6 毫米、厚 1.9 毫米，籽粒呈椭圆形，背腹两面均圆凸，表面光滑
（图三）。

　　荞麦是一种十分特殊的谷物品种，与其他大多数谷物属于禾本科
不同，荞麦属于蓼科（Polygonaceae）的荞麦属（Fagopyrum），因此
荞麦籽粒的形态特征十分特殊。巴彦塔拉遗址浮选结果中发现 4 粒荞
麦籽粒，呈三棱形，棱脊较钝。经测量，荞麦籽粒平均长 3.7 毫米、
宽 3.2 毫米、厚 1 毫米（图四）。

　　浮选出土的栽培稗 4 粒，约占出土植物种子总数的 5%。这些籽
粒整体平凸，胚近矩圆形，胚部爆裂明显（图五）。

　　大麻属于桑科（Moraceae）大麻属（Cannabis），籽粒呈扁卵形，
具有油性。巴彦塔拉遗址浮选出土了 167 粒炭化大麻籽，其中 1 粒残
破。经测量，这些大麻籽的粒长的平均值都在 3.3 毫米，粒宽为 2.4
毫米（图六）。

　　巴彦塔拉遗址浮选出土的非农作物植物遗存数量较少，共计 271
粒。其中以禾本科和藜科植物种子数量最多。

　　出土的禾本科植物种子为 76 粒，占出土植物种子总数的 8.8%。
这些禾本科种子中以狗尾草种子（Setaira）最多，共 71 粒。通过对
形态细部特征观察，这些狗尾草植物种子均呈扁椭圆形，背部略鼓，
腹部扁平，尺寸较小，平均长约 1.52 毫米。另外，还有少量的马唐
属（Digitaria）种子，共 5 粒。

　　出土的藜科植物种子总数为 140 粒，占出土植物种子总数的
16.1%，经鉴定，其中包括藜属（Chenopodium）种子 127 粒、虫实
属（Corispermum）9 粒、猪毛菜属（Salsola）4 粒。

　　浮选出土的豆科种子有 10 粒，占所有出土植物种子总数的
1.2%。这些豆科植物种子包括苜蓿属（Medicago）2 粒、胡枝子属
（Lespedeza）6 粒、猪屎豆属（Crotalaria）2 粒。

　　锦葵科植物种子 21 粒，这些锦葵科植物种子根据细部形态特征
观察，全部是锦葵属冬葵植物种子。这些植物种子大多呈圆扇形，背
侧较厚，有明显隆脊，腹侧扁平，中部有一凹陷口。

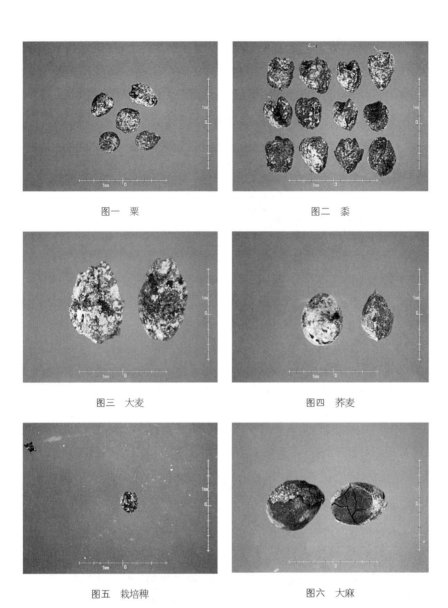

图一　粟　　　　　　　　　　　图二　黍

图三　大麦　　　　　　　　　　图四　荞麦

图五　栽培稗　　　　　　　　　图六　大麻

　　除了上述介绍的植物种子之外，在巴彦塔拉遗址浮选结果中还发现了属于苋科的地肤（Kochia scoparia）种子 3 粒、菊科的苍耳（Xanthium sibiricum）种子 2 粒，以及牻牛儿苗科、旋花科、蓼科、莎草科等及部分未知的植物种子。

（三）分析与讨论

巴彦塔拉遗址 39 份样品所含炭化木屑的总量为 7.788 克，平均每份样品所含碳化木屑仅为 0.2 克。其中炭化木屑含量较高的样品均来自灰坑，例如，灰坑 H1（3.015 克）和 H19（1.877 克）的炭化木屑含量都高出平均值。我们在对灰坑清理过程中，发现一部分灰坑的内壁修整的非常光滑，并且发现多用火烤的迹象，这类灰坑应该是储藏物品的窖穴。灰坑 H1 通过浮选出土了炭化粟和黍合计 47 粒，约占出土粟、黍总量的 11.2%，所占比例是很高的，说明该灰坑很有可能是储藏农作物的窖穴。在遗址中通过浮选所获得的炭化木屑是指经过燃烧的木头的残存，其主要来源是未燃尽的燃料或遭到焚烧的建筑木材和其他用途的木料等，作为储藏农作物遗存的窖穴发现了数量显著的炭化木屑，我们推测可能是窖穴的顶部有木结构的顶棚，为了遮挡风雨或者牲畜的破坏。

巴彦塔拉遗址出土的农作物遗存的数量占出土植物种子数量的 68.7%。在出土的农作物遗存中有粟、黍、大麦、荞麦、栽培稗和大麻六个品种，其中粟和黍遗存的出土数量相对丰富，绝对数量占出土农作物总数的 70.1%，占所有出土植物种子的 48.2%。据此可以做出初步判断，在巴彦塔拉遗址的生业方式中，农业占有一定的比重，同时，推测当时的农业生产特点是以种植粟和黍两种小米为主的旱作农业。

需要说明的是，运用浮选法所获得的植物遗存在绝对数量上是有误差的，这些误差是炭化植物遗存在堆积过程中、埋藏过程中以及被提取过程中存在的各种自然或人为因素造成的。因此，在对考古遗址出土植物遗存进行量化分析时，除了要考虑植物遗存的绝对数量外，还应该结合其他计量方法，如植物遗存的"出土概率"作进一步的统计分析。植物遗存的"出土概率"是指"在遗址中发现某种植物种类的可能性，是根据出土有该植物种类的样品在采集到的样品总数中所占的比例计算得出的"。采用这种统计方法得出的结果所反映的是植物遗存在遗址内的分布范围。

表二　巴彦塔拉遗址出土农作物出土概率

作物品种	粟	黍	大麦	荞麦	栽培稗	大麻
出土概率	74.4	64.1	5.1	7.7	2.6	10.3

　　表二显示的是巴彦塔拉遗址浮选结果中各种农作物的出土概率。不难看出，炭化粟粒和黍粒的出土概率明显地高于其他农作物品种，再考虑到粟和黍籽粒在出土绝对数量上所表现出的绝对优势，这两种农作物与巴彦塔拉遗址辽代先民的日常生活应该是最为密切的。粟和黍是西拉木伦河流域自新石器时代中期以来的当地旱作农业的传统农作物品种，具有悠久的栽培历史[①]。

　　巴彦塔拉遗址所在的辽上京道虽然地处辽土北边，但自辽建国后，这一地区的农业开发还是颇见成效。根据史书记载，春州一带丰收年份"斗粟六钱"[②]；远在北疆的镇州屯田"凡十四稔，积粟数十万斛"[③]。关于辽代种植黍的文献也多有记载，苏颂出使辽国时，在途中见到"村店炊黍，卖饧有如南土之事"[④]，圣宗"统和三年，帝尝过藁

[①]　伴随浮选法在西辽河上游地区古代遗址中的运用，在该地区新石器时代中期的兴隆沟遗址第一地点、新石器时代晚期的兴隆沟遗址第二地点、魏家窝铺遗址，青铜时代的二道井子遗址、三座店遗址、兴隆沟遗址第三地点等，通过浮选出土了大量的炭化植物种子，其中农作物品种中，粟和黍所占比例最高，说明西拉木伦河流域属于中国北方旱作农业分布的重要地域之一，粟、黍在这一地区有着悠久的栽培、种植历史。参见赵志军：《探寻中国北方旱作农业起源的新线索》，《中国文物报》2004年11月12日；赵志军：《从兴隆沟遗址浮选结果谈中国北方旱作农业起源问题》，载南京师范大学文博系编：《东亚古物》，文物出版社2004年版；孙永刚、曹建恩、井中伟、赵志军：《魏家窝铺遗址2009年度植物浮选结果分析》，《北方文物》2012年1期；赵志军：《中华文明形成时期的农业经济特点》，载中国社会科学院考古研究所科技考古中心编：《科技考古》（第三辑），科学出版社2011年版；等等。

[②]　《辽史》卷二十二《道宗纪一》。

[③]　《辽史》卷九十一《耶律唐古传》。

[④]　（宋）苏颂：《苏魏公文集》卷十三《奚山道中》。

城，见乙室奥隗部下妇人迪辇等黍过熟未获，遣人助刈"①。黍虽然在产量上低于粟，但是西拉木伦河流域低温和缺水，"相对于玉米、小麦而言，黍、糜子生长期短，全生育期耗水量与旱作谷子基本一致或略低于旱作谷子，比较适宜于相对恶化的环境"②。所以，《辽史》记载"辽地半沙碛，三时多寒，春秋耕获及其时，黍稌高下因其地，盖不得与中土同矣"③。

稗是目前常见于田间的杂草，但是古人曾经把稗驯化成栽培作物，在古埃及前王朝早期埃及人就已食用现今已经不栽培的种类光头稗④，现今在日本、东南亚部分国家及中国西南地区仍然种植栽培稗，其产量甚至高于粟和黍。虽然巴彦塔拉遗址出土的栽培稗的数量仅4粒，但与吉林李春江遗址出土栽培稗进行比较，应该是农作物遗存，辽代文献记载："瑟瑟仪：若旱，择吉日行瑟瑟仪以祈雨。……又翼日，植柳天棚之东南，巫以酒醴、黍稗荐植柳，祝之"⑤，说明辽代确实种植栽培稗。

从辽代文献记载来看，麦类也是当时主要的农作物之一。《契丹国志·南京》条中明确指出麦是重要的物产，仅三河县境内上方感化寺就"艺麦千亩"⑥。1980年发现于巴林右旗幸福之乡的辽碑上，记有"上麦务""下麦务"等名称，"务"是按照不同生产分工形成的部门，隶属于庄园之下，以"麦"名务，应是麦类作物种植区形成一定规模的标志⑦。当然，文献记载的麦类作物应包括小麦和大麦。但是，塞外地寒，节候稍迟，更适宜于种植大麦。在巴彦塔拉遗址出土的4粒

① 《辽史》卷五十九《食货志上》。

② 赵哈林等：《科尔沁沙地沙漠化过程及其恢复机理》，海洋出版社2003年版，第202—203页。

③ 《辽史》卷六十《食货志下》。

④ G. Elliot Smith，The ancient Egyptians and the origin of civilization，Harper & Brothers：London and New York，1923，p.49.

⑤ 《辽史》卷四十九《礼志一》。

⑥ 陈述：《全辽文》卷十《上方感化寺碑》。

⑦ 苏赫：《崇善碑考述》，载陈述主编：《辽金史论集》（第三辑），书目文献出版社1987年版，第31—44页。

大麦，作为栽培作物在辽上京道管辖地区种植是可能的。

荞麦属于小杂粮，产量低，但生长期非常短，抗逆性很强，因此现今常被作为抗灾补种的农作物品种。国内外学术界一般都认为，荞麦最早是在中国被栽培的，目前考古发掘所见最早的实物资料证据是北京房山丁家洼遗址出土的荞麦，年代为春秋时期[①]。辽代庆州雍安山一带"谷宜粱荞"，西京道奉圣、归化州"五谷惟有穄子、荞麦"[②]。巴彦塔拉遗址出土4粒荞麦，虽然数量少，并且时代较晚，但仍然为探讨荞麦在中国的起源与分布提供了重要的考古学新资料，具有重要的学术价值。

大麻的纤维可以纺织麻布，种子可榨油或供药用，是我国古代极为重要的一种经济类作物。在我国古代文献中有大量的关于大麻的记载和描述。就连中国古代文献常见的所谓"五谷"就有两种解释，一是黍、稷（粟）、稻、麦、菽（豆），二是黍、稷、麦、菽、麻，说明大麻在中国古代先民的农业生产和日常生活中的地位和价值。辽代文献也多见关于麻的记载，《契丹国志》称南京物产有"桑、柘、麻"等，说明现今的北京一带曾是辽朝境内主要纤维作物产区。中京辖境内是辽代又一处桑麻的产地，"沿灵河有灵、锦、显、霸四州，地生桑麻，周民无田租，但供蚕织"[③]。巴彦塔拉遗址浮选出土的大麻籽粒，应该是辽代先民种植的主要纤维作物，也从考古学角度证实大麻在辽代人民生活中的重要性。

在巴彦塔拉遗址浮选出土的植物种子中除了农作物遗存之外，还有很多诸如豆科、藜科、禾本科、菊科、蓼科等杂草类植物种子，这些杂草种子在一定意义上反映出当时的耕作技术水平或农作物加工情况。巴彦塔拉遗址所在辽上京道，是契丹人的主要分布地域，契丹本属东胡族后裔，是一支逐水草而居的游牧部落。农业耕作技术是"所

---

① 赵志军：《北京房山丁家洼遗址浮选结果分析报告》，载赵志军：《植物考古学：理论、方法和实践》，科学出版社2010年版，第169页。

② （宋）徐梦莘：《三朝北盟会编》卷九十八《靖康中帙七三》。

③ （宋）路振：《乘轺录》。

种皆从陇上，盖虞吹沙所壅"①，主要以"逐水草射猎"为生，所以，辽上京道的农业耕作技术相比辽中京道和南京道而言并不是很发达。在巴彦塔拉遗址浮选出土的杂草类植物种子数量相对较多，从一个方面证明了史书的记载。

（四）结　语

巴彦塔拉遗址是一处辽代早期的聚落遗址。通过浮选可以帮助我们在文献资料记载的基础上，深入了解辽代早期农作物的种类，以及农业在辽早期生业方式中的重要作用。

巴彦塔拉遗址浮选结果表明，辽早期上京道的农作物以粟、黍、大麦、荞麦、栽培稗、大麻等为主，属于典型的中国北方旱作农业，同时，作为逐水草而居的契丹游牧部落，由于上京道的地理条件、生态环境的影响，农业耕作技术相比辽中京道和南京道而言，并不是很发达；在遗址发掘过程中还出土了大量动物骨骼，并且在附近发掘的同一时期墓葬填土中发现随葬马等动物骨骼，种种迹象表明，"马逐水草，人仰湩酪，挽强射生，以给日用"②的狩猎是当地居民的重要生产方式。

大量的文献记载与植物考古学新资料证实，以巴彦塔拉遗址为代表的辽早期上京道地区契丹先民通过农牧兼营达到生产方式的互助与生产效益的互补。

（本文原刊于《南方文物》2014 年 3 期，收入本报告有所改动。）

---

① （宋）苏辙：《栾城集》。
② 《辽史》卷五十九《食货志上》。

巴彦塔拉遗址及墓葬群出土辽代金属器的金相学分析

王颖琛　李明华　梅建军　陈坤龙 [①]

巴彦塔拉遗址位于内蒙古赤峰市巴林右旗。该遗址及周边墓葬群出土的金属器物中，包括数十件铁器，为辽代的遗存。国内对于辽代铁器的科学研究较为少见，陈武在研究辽代两处冶炼遗址时，对一件辽代的残铁器进行了金相观察，发现其为亚共晶白口铁 [②]。杨小林等人在对辽代的嵌金银饰铁器进行保护研究时，对铁器基底进行了金相观察，为低碳铸铁 [③]。国外学者对今蒙古国地区发现的契丹时期铁器进行了研究，与蒙古地区出土的匈奴、突厥和蒙古时期铁器进行比较，发现辽以后的铁器含碳量比早期减少，而其他元素如硫、磷、硅含量上升，认为蒙古地区生铁铸造存在一个以铸铁碳含量降低及政府控制的大规模生产为特征的技术过渡时期，而这很可能就发生在辽时期 [④]。

目前我国隋唐以后的冶金技术研究工作进行得较少，特别是对辽时期北方地区的钢铁技术的发展尚无系统的认识，亟待加强对考古出

---

① 王颖琛、梅建军、陈坤龙：北京科技大学冶金与材料史研究所；李明华：赤峰学院历史文化学院。

② 陈武：《辽代两处冶铁遗址炉渣研究》，北京科技大学 2008 年版，第 50 页。

③ 杨小林、潘路、葛丽敏：《辽代嵌金银饰铁器的保护研究》，《文博》2006 年第 5 期，第 75—79 页。

④ Gelegdorj E., Chunag A., Gordon R.B., et al., *Transitions in cast iron technology of the nomads in Mongolia*, Journal of Archaeological Science, 2007, 34（8）, pp.1187–1196.

土辽代金属器的科学分析研究。鉴此，我们采用金相学分析方法，对巴彦塔拉遗址及墓葬群出土的部分金属器物进行了科学分析检测，以期为深入研究辽代金属技术尤其是钢铁技术的发展提供基础性的资料和证据。

本次分析鉴定共取得样品 27 件，其中铁器样品 26 件，铜器残片样品 1 件，多数取样的铁器均出于墓葬中。样品大多取自器物残损处，同类器物有残件的，仅从残件上取样。具体取样情况见表 1。

表 1　巴彦塔拉遗址及墓葬群出土金属器的取样情况

名称	出土编号	取样位置	名称	出土编号	取样位置
环	M1：1	断口处	刀	M5：4	柄身交接部残断处
矛	M2：2	取样 1：銎口	棺钉	M6	残件
		取样 2：矛身尾部	棺钉	M7	残件
刀	M2：3	刃部	箭头	M7：4	残件
棺钉	M2：6	残件	响箭	M7：5	其中一段残破处
马镫（小）	M2：8	踏板边缘	鼎	M8：3	取样 1：耳部上边缘
马镫（大）	M2：8	踏板破损处			取样 2：足部内侧
短剑	M3：2	柄部			取样 3：口沿
刀	M3：3	刃部头尖部	箭头	M8：8	铁箭头：完整器一个
棺钉	M3：8	残件			响箭：残件
矛头	M4：4	銎口破损处	铁矛	M8：9	刃部
箭头	M4：6	残件	棺钉	M8	残件
刀	M4：7	尖部残断处	铁器	T0101	尾端
棺钉	M4	残件	刀	T0105	残件断裂处，带孔段
棺钉	M5	残件	铜片	无编号	残片断处

科学分析主要采用了金相显微观察方法。所取样品经过镶样、磨光、抛光后，铁器样品用 3%硝酸酒精溶液浸蚀，铜器样品用 3%氯

化铁盐酸酒精溶液浸蚀，使用莱卡 DM4000M 型金相显微镜观察样品
的金相组织，并拍摄照片。铜器样品利用扫描电子显微镜——能谱仪
（ZEISS EV018/ BRUKER XFlash Detector5010）对其成分进行了分析。

（一）铁器样品金相分析结果

27 件铁器样品的金相组织观察结果见表 2。

表 2　铁器样品金相组织观察结果

出土编号	名称	金相组织	制作方法
M1：1	环	基本为铁素体组织，存在极少量的珠光体，含碳量低于 0.1%，较为纯净，存在少量单相硅酸盐夹杂物，图 1。	锻造
M2：2	矛	銎口锈蚀较严重，为铁素体组织，局部有少量珠光体，含碳量低于 0.1%，晶粒大小不均匀，图 2。 刃身尾部为铁素体和珠光体组织，中间有细长条状夹杂，图 3。	锻造
M2：3	刀	已基本锈蚀，能观察到珠光体组织残余痕迹，有长条形复相夹杂，图 4。	锻造
M2：6	棺钉	主要为铁素体组织，有少量珠光体，晶粒大小不均匀，横截面出现碳含量分层现象，夹杂物较多，沿加工方向拉长，有大块长条形复相夹杂物，图 5。	锻造
M2：8	马镫（小）	铁素体组织，含碳量低于 0.1%，晶粒较大，存在大量复相夹杂。	锻造
M2：8	马镫（大）	铁素体组织，含碳量低于 0.1%，夹杂物较少，有拉长变形的单相及复相夹杂，部分区域存在较多氧化物，图 6。	锻造
M3：2	短剑	主要为铁素体组织，含碳量低于 0.1%，晶粒大小不一。其中间有一道裂隙，夹有较多氧化物，应该是由加工过程中折叠锻打、氧化铁皮夹入铁基体中而形成，图 7。	锻造
M3：3	刀	锈蚀较为严重，组织不均匀，一侧碳含量较高，为铁素体和珠光体组织，一侧为铁素体大晶粒。有沿加工方向拉长变形的单相硅酸盐夹杂物，图 8。	锻造

出土编号	名称	金相组织	制作方法
M3：8	棺钉	铁素体和珠光体组织，中心部有大量大块单相夹杂，平行分布的单相夹杂沿加工方向拉长变形，图9。	锻造
M4：4	矛头	主要铁素体组织，有少量珠光体，有拉长变形的夹杂物，有较多的氧化物。	锻造
M4：6	箭头	主要为铁素体组织加珠光体组织，晶粒大小不一，含碳量不均，边缘一层碳含量稍高，应由加工过程中表面渗透造成，存在较多夹杂，以复相夹杂为主，图10。	锻造
M4：7	刀	主要为铁素体组织和少量珠光体，组织较均匀，分布有沿加工方向变形的夹杂物，变形量较小，以复相为主。	锻造
M4	棺钉	含碳量不均，其横截面一侧含碳量较高，出现魏氏组织，另一侧含碳量低，为铁素体组织。棺钉弯折处晶粒沿加工方向变形，有较多沿加工方向分布的条形复相夹杂物。	锻造
M5	棺钉	主体部分夹杂物较少，主要为单相硅酸盐夹杂，中心部分为珠光体组织，含碳量约为0.8%，边缘含碳量稍低；另一侧边缘含碳量较低，约为0.2%—0.3%，存在大量平行分布的复相夹杂，可能为两块原料叠加锻打而成，图11。	锻造
M5：4	刀	锈蚀严重，仅残余部分金属，为铁素体和珠光体组织，夹杂物沿加工方向平行分布。	锻造
M6	棺钉	铁素体和珠光体组织，含碳量不高，夹杂物平行分布，沿加工方向变形，以复相夹杂为主，有较多氧化物。	锻造
M7	棺钉	主要为铁素体组织，存在少量珠光体，含碳量低于0.1%，晶粒大小不均匀，较多复相夹杂物。	锻造
M7：4	箭头	铁素体和珠光体带状组织，出现明显的珠光体晶粒与铁素体晶粒分层现象，有较多的复相夹杂物，图12。	锻造
M7：5	响箭	主要为铁素体和珠光体组织，组织不均匀，有较多复相夹杂物，其变形量较小。	锻造
M8：3	鼎	亚共晶白口铁，有少量细小的夹杂物。各部位取样观察其组织差别不大，图13。	铸造
M8：8	箭头	主要为铁素体，含碳量低于0.1%，中间有一道横贯裂缝，其中填有大量氧化亚铁，应为加工过程中折叠锻打夹入的氧化铁皮，图14。	锻造
M8：8	响箭	铁素体组织，有少量珠光体，含碳量低于0.1%，晶粒发生变形，有较多的氧化物沿加工方向分布，图15。	锻造（冷加工）

出土编号	名称	金相组织	制作方法
M8：9	铁矛	主要为铁素体和珠光体组织，有拉长变形的硅酸盐夹杂及氧化物。	锻造
M8	棺钉	主要为铁素体和少量珠光体组织，主体含碳量低，其横截面可见局部含碳量较高。有较多复相夹杂沿加工方向分布。	锻造
T0101	铁器	为铁器折弯段，组织不均匀，外侧为大晶粒铁素体组织，含碳量低于0.1%，内侧晶粒细小，为铁素体和少量珠光体组织。主要为长条状单相夹杂，有部分氧化物及复相夹杂。	锻造
T0105	刀	主要为铁素体组织，含碳量低于0.1%，较为纯净，有少量单相夹杂，部分区域存在氧化物。	锻造

由表2可看出，26件铁器样品中，仅有鼎（M8：3）为亚共晶白口铁铸件。其夹杂物较少且组织均匀。其余25件铁器均为锻造的钢或纯铁制品。

（二）铜片样品金相及成分分析

铜片为无编号小块残片。其平均成分为：Cu 74.2%，Sn 12.5%，Pb 10.5%，S 1.7%，Cl 1.2%，为铜锡铅三元合金。铜片锈蚀较为严重，金相观察为铸后受热组织（图16），出现网状锈蚀，残余金属部分为 α 相晶粒，分布有少量残余的 δ 相。铅在晶界处呈块状分布，晶内为球状铅颗粒。有较多的硫化物夹杂，部分夹杂物中含铁。分析表明，铜片是由铅锡青铜铸造成形，其后受热发生了组织均匀化。

（三）铁器有关问题讨论

本次检测铁器中数量居多的器物为兵器、日常用具和棺钉三大类。

　　兵器有箭头、响箭和铁矛共 8 件。箭头（M4∶6）、箭头（M7∶4）为含碳量较低的钢，箭头（M8∶8）为纯铁制品。其中箭头（M7∶4）出现了铁素体晶粒与珠光体晶粒呈条带分层的带状组织，其形成原因有待进一步分析。该组织在现代钢铁中为缺陷，会影响其使用性能。响箭（M8∶8）金相组织显示铁素体晶粒产生变形，该样品取自一薄片状残件，结合其金相可推测其经过了一定的冷加工处理。

　　三件铁矛中所取的两件刃部样品均为碳含量不高的钢。其中矛（M2∶2）的鏊口样品经检测为纯铁，而其刃部样品含碳量明显高于鏊口，有较好的使用性能。说明在制作时针对不同功能进行了选择性加工。由于所取样品较小，故不能进一步讨论其刃部是否采用了贴钢或夹钢等工艺。

　　6 件刀、剑类器物尺寸均较小，应当为工具类用品。其中刀（M2∶3）几乎完全锈蚀，残余金属极少，可见珠光体残余痕迹，说明其刃部材质应为钢。刀（M3∶3）刃部取样发现含碳量不均，可能加工时局部渗碳。短剑（M3∶2）中夹有大块氧化物，应为加工时折叠锻打造成。

　　9 件棺钉样品材质不一，推测其使用了不同来源的原料制作。其中棺钉（M3∶8）中出现了大量大块单相夹杂物，该棺钉可能是使用废料制作的。

　　其他器物中，两件马镫均取自踏板边缘处，为纯铁制品，组织均匀且含碳量低、韧性好，有利于延长使用时间。

　　从以上可看出这批器物针对不同功用，选取加工工艺及材质有所区别，较为重要的器物如兵器中的矛及马镫制作较为讲究。但从整体来看，这些器物的加工水平一般，部分器物制作粗糙，质量不佳。使用的主要加工方式为锻造，绝大多数器物含碳量很低。其中一件器物有冷加工痕迹，部分器物能看出有明显锻打折弯迹象，未发现其他加工工艺使用痕迹，仅一件鼎为铸造。

　　自隋唐以来，中国的钢铁技术发展呈现出锻造制件数量明显增多的趋势。杜莃运对 41 件隋唐墓出土的铁器进行了金相学分析，其中 10 件为铸造，31 件为锻造 ①。柯俊、苗长兴等对河南一批铁器进行了研究，唐代铁器有 6 件，铸造 4 件，锻造 2 件；宋代铁器 47 件，铸造 19 件，锻造 28 件 ②。李秀辉等通过对金、元时期铁器的分析研究，认为宋金元时期锻造铁器增多是由于煤的使用、铁产量提高、锻铁作坊发展迅速，再加上炒钢技术的推广从而导致锻造铁器数量增加 ③。

此次检测的器物同样以锻造制品占绝大多数，可能与隋唐以来"以锻代铸"这一趋势有关。至于辽代中国北方地区与其他地区在钢铁技术方面存在哪些异同，则需要积累更多的分析证据后，方能进行较深入地讨论。值得注意的是，这批器物的夹杂物形态较为复杂，多数器物存在较多复相夹杂物，部分器物中有大量的氧化物夹杂，或许反映了其所经历的加工成形过程以及所用的原材料的非单一性。由于取样多为残损处且所取样品较小等原因，金相分析所揭示的器物的局部技术特征尽管是很有意义的，但也有一定的局限。总之，关于辽代中国北方地区金属技术的发展，本文的工作提供了重要的工艺技术信息，但全面系统的分析和讨论还有待更多出土金属器物的检测分析以及更多基础性考古资料的积累。

---

① 杜葡运：《一批隋唐墓出土铁器的金相鉴定》，《考古》1991 年第 3 期，第 273—276 页。

② 柯俊、吴坤仪、韩汝玢等：《河南古代一批铁器的初步研究》，《中原文物》1993 年第 1 期，第 96—104 页。苗长兴、吴坤仪、李京华：《从铁器鉴定论河南古代钢铁技术的发展》，《中原文物》1993 年第 4 期，第 89—98 页。

③ 北京科技大学冶金与材料史研究所、北京市文物研究所：《北京金陵遗址出土部分铁器的金相实验研究》，载北京科技大学冶金与材料史研究所、北京科技大学科学技术与文明研究中心：《中国冶金史论文集第四辑》，科学出版社 2006 年版，第 436—461 页。李秀辉、魏坚：《元上都及周围地区出土金属器物的分析与研究》，载魏坚：《元上都》，中国大百科全书出版社 2008 年版，第 171—181 页。

图1　环（M1：1）金相组织

图2　矛（M2：2）銎口金相组织

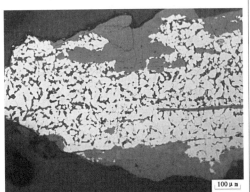

图3　矛（M2：2）刃部金相组织

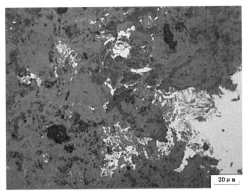

图4　刀（M2：3）金相组织
可见珠光体组织残余痕迹

图5　棺钉（M2：6）金相组织
条状复相夹杂

图6　马镫（大）（M2：8）金相组织

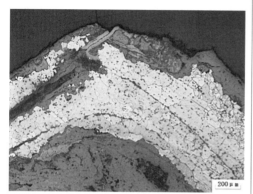

图 7 短剑（M3：2）金相组织
其心部有明显的氧化物分界线

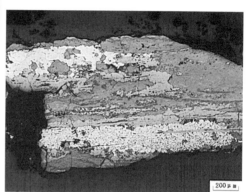

图 8 刀（M3：3）金相组织

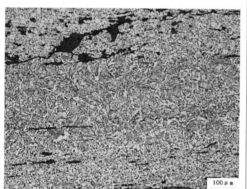

图 9 棺钉（M3：8）金相组织
大块单相夹杂

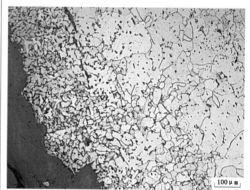

图 10 箭头（M4：6）金相组织
表面少量渗碳

图 11 棺钉（M5）金相组织

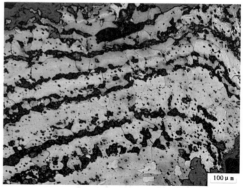

图 12 箭头（M7：4）横截面带状组织

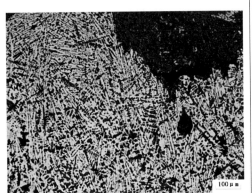

图 13　鼎（M8 : 3）耳部上边缘

金相组织

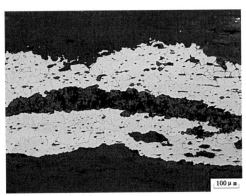

图 14　箭头（M8 : 8）金相组织

中间为横贯的氧化夹杂物

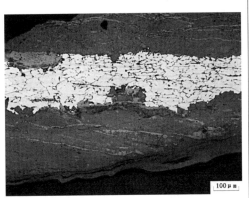

图 15　响箭（M8 : 8）金相组织

铁素体晶粒沿横向拉长变形

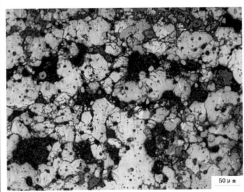

图 16　铜片（无编号）金相组织

巴彦塔拉遗址出土部分金属器及玻璃器样品检测报告

王　璐　　陈坤龙[①]

（一）样品情况

本次检测共对 7 件样品进行分析，包括 3 枚铜钱、1 件铜铃、1 件铜环、1 件金戒指和 1 件玻璃帽饰。铜器、金器和玻璃样品均为完整器物，保存状况相对较好，铜器表面有一层浅薄的锈蚀层，玻璃样品表面也存在风化层。

（二）分析方法

由于样品均为完整器物，无法取样，只进行无损分析。分析前对样品进行初步处理，铜钱均在边缘部位用砂纸轻微打磨，铜铃在铃腹部凸起表面进行打磨，铜环在环首较宽部位表面进行打磨，以使铜器露出金属基体便于检测。玻璃帽饰在边缘部位用无水乙醇进行擦拭，以去掉表层浮土，便于检测。

初步处理后，利用扫描电子显微镜进行观察，并用配备的能谱分析仪进行无标样定量成分测定。本次分析所用扫描电子显微镜为捷克

---

① 王璐、陈坤龙：北京科技大学。

TESCAN VEGA3 型扫描电子显微镜，能谱采用 Bruker X Flash 610M Detector，激发电压为 20kV，扫描时间≥ 60s。

（三）分析结果

1. 金属器

金属样品 6 件，包括铜器 5 件、金器 1 件，将器物表面进行轻微除锈后，进行无损定性分析，金器未见明显锈蚀，除锈部位如图 1—图 6 所示。

在除锈部位进行局部观察和区域面扫，分析部位及数据如下图

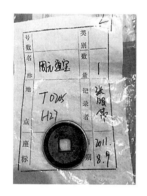
图 1　铜钱 H27 除锈部位照片

图 2　铜钱 H38 除锈部位照片

图 3　铜钱 H48 除锈部位照片

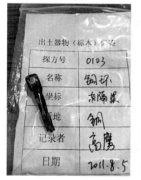
图 4　铜环除锈部位照片

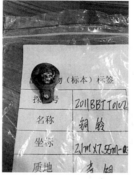
图 5　铜铃除锈部位照片

图 6　金戒指照片

表所示。

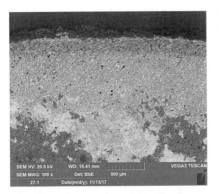

图 7　铜钱 H27 扫描电镜背散射电子像

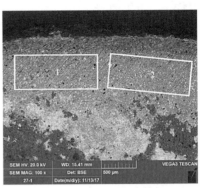

图 8　铜钱 H27 区域面扫示意图

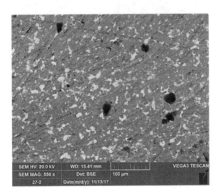

图 9　铜钱 H27 扫描电镜背散射电子像

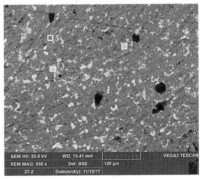

图 10　铜钱 H27 区域面扫示意图

表 1　铜钱 H27 扫描电镜能谱成分分析结果

器物名称	考古编号	实验编号	扫描区域	主要元素含量（Wt%）				
				Cu	Sn	Pb	O	Cl
周元通宝	T0205H27：1	铜钱 H27	面扫 1	73.5	6.3	12	6.1	2.1
			面扫 2	76.4	5.9	10.7	5.3	1.7
			面扫 3	15.4		61.4	8	15.2
			面扫 4	14.8		58.9	7	19.3
			面扫 5	92	7.2		0.8	

　　样品铜钱 H27 的扫描区域及成分结果如图 7—图 10 及表 1 所示，可判断该铜钱材质应为铜锡铅合金，基体分布较多不规则块状铅颗粒。

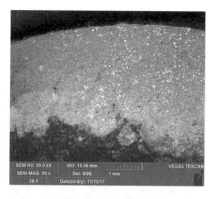
图 11   铜钱 H38 扫描电镜背散射电子像

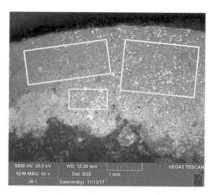
图 12   铜钱 H38 区域面扫示意图

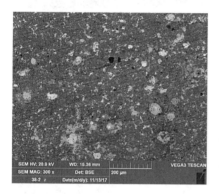
图 13   铜钱 H38 扫描电镜背散射电子像

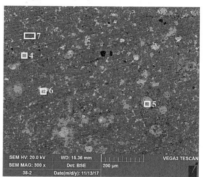
图 14   铜钱 H38 区域面扫示意图

表 2   铜钱 H38 扫描电镜能谱成分分析结果

器物名称	考古编号	实验编号	扫描区域	主要元素含量（Wt%）				
				Cu	Sn	Pb	O	Cl
祥符元宝	2011BBT0204H38第一层	铜钱 H38	面扫 1	67.8	10.9	13.8	5.6	1.9
			面扫 2	62.8	10.8	17.5	6.7	2.2
			面扫 3	43.1	11.5	30.5	11.4	3.5
			面扫 4	4.6		71.4	11	13
			面扫 5	6.2		73.5	20.3	
			面扫 6	5.2	0.8	83.1	10.9	
			面扫 7	80.4	9.7	6.3	3	0.6

样品铜钱 H38 的扫描区域及成分结果如图 11—图 14 及表 2 所示，可判断该铜钱材质应为铜锡铅合金，基体分布较多球状及块状铅颗粒。

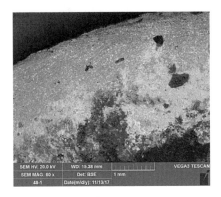

图 15　铜钱 H48 扫描电镜背散射电子像

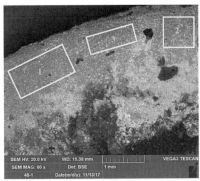

图 16　铜钱 H48 区域面扫示意图

图 17　铜钱 H48 扫描电镜背散射电子像

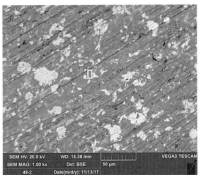

图 18　铜钱 H48 区域面扫示意图

表 3　铜钱 H48 扫描电镜能谱成分分析结果

器物名称	考古编号	实验编号	扫描区域	主要元素含量（Wt%）				
				Cu	Sn	Pb	O	Cl
治平元宝	2011BBT0204H48：1	铜钱 H48	面扫 1	59.6	11.2	19.4	6.9	2.9
			面扫 2	55.6	11.7	19.8	9	3.9
			面扫 3	62.4	11.2	16.5	6.8	3.1
			面扫 4	13.1		60.8	7.4	18.7
			面扫 5	9.5	1.1	63.9	1.9	23.6
			面扫 6	9.1	0.9	89.4	0.6	
			面扫 7	87.1	9.9	2.1	0.9	

　　样品铜钱 H48 的扫描区域及成分结果如图 15—图 18 及表 3 所示，可判断该铜钱材质应为铜锡铅合金，基体分布较多球状及块状铅颗粒，图示深灰色及亮白色的颗粒均为铅颗粒，但受到锈蚀程度不同。

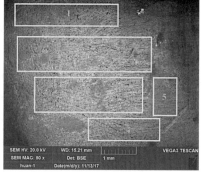

图 19 铜环扫描电镜背散射电子像   图 20 铜环区域面扫示意图

表 4 铜环扫描电镜能谱成分分析结果

器物名称	考古编号	实验编号	扫描区域	主要元素含量（Wt%）					
				Cu	Sn	Pb	O	Cl	Si
铜环	T0103 东隔梁	铜环	面扫 1	81.8	1.4	2.2	10.4	4.2	
			面扫 2	82.5	1.8	2.5	10.6	1.7	0.9
			面扫 3	84.9	1.5	2.7	9	1.1	0.8
			面扫 4	87.7	1.9	1.6	6.1	1	1.7
			面扫 5	85.5	1.8	1.3	10.3	1.1	

样品铜环的扫描区域及成分结果如图 19、图 20 及表 4 所示，可判断该铜环材质可能为铅青铜（含锡）。

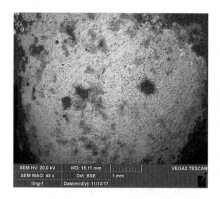

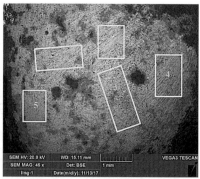

图 21 铜铃扫描电镜背散射电子像   图 22 铜铃区域面扫示意图

表5　铜铃扫描电镜能谱成分分析结果

器物名称	考古编号	实验编号	扫描区域	主要元素含量（Wt%）					
				Cu	Sn	Pb	O	Cl	Si
铜铃	2011BBTT0102	铜铃	面扫1	83.9	8.6	1.2	5.8	0.5	
			面扫2	79.9	10.6	1.7	6.1	0.6	1.1
			面扫3	80.6	11.2	2.4	4	0.8	1
			面扫4	83.2	8.8	1.6	4.5	0.8	1.1
			面扫5	85.7	8.3	1	3.3	0.7	1

　　样品铜铃的扫描区域及成分结果如图21、图22及表5所示，可判断该铜环材质可能为锡青铜（含铅）。

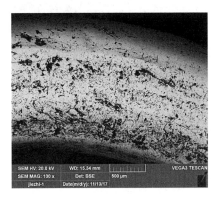
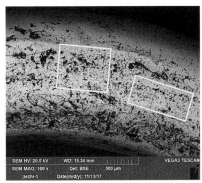

图23　金戒指扫描电镜背散射电子像　　　　图24　金戒指区域面扫示意图

表6　金戒指扫描电镜能谱成分分析结果

器物名称	考古编号	实验编号	扫描区域	主要元素含量（Wt%）			
				Au	Ag	O	Si
金戒指	M5：3	金戒指	面扫1	85.7	0	12.4	1.9
			面扫2	90.2	0.5	8.2	1.1

　　样品金戒指的扫描区域及成分结果如图23、图24及表6所示，判断金戒指材质可能为较纯净的金制品，基本不含多余的杂质。

2. 玻璃器

　　玻璃样品1件，样品编号为M2：7，表面风化严重，仅在边缘部位表面进行区域面扫，分析部位及数据如图25—图28及表7所示。

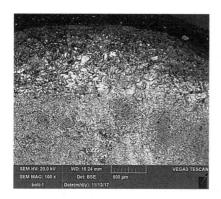
图 25 玻璃样品扫描电镜背散射电子像

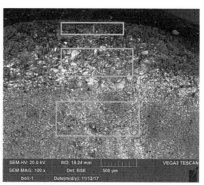
图 26 玻璃样品区域面扫示意图

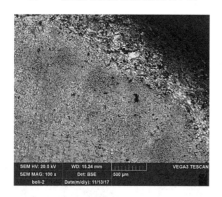
图 27 玻璃样品扫描电镜背散射电子像

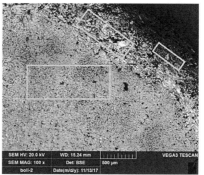
图 28 玻璃样品区域面扫示意图

表 7 玻璃样品扫描电镜能谱成分分析结果

样品名称	考古编号	实验编号	扫描区域	主要元素含量（Wt%）								
				Na2O	Al2O3	SiO2	PbO	K2O	CaO	Fe2O3	Cl	P2O5
帽饰	M2：7	玻璃	面扫1	10.6	3	36.5	29.5	5.8	2.4	9.9	2.3	
			面扫2	8.1	2.5	48.3	26.7	8.7	2	2	1.7	
			面扫3	1.1	2.3	37.5	46.5	6.4	3.2	2.4	0.6	
			面扫4	4.8	4	35	33.4	8.5	5.1	4.1	2.4	2.7
			面扫5	5.5	2.5	47.1	32.2	6.3	2.4	1.6	1.4	1
			面扫6		4.3	32.8	47.8	6.2	3.6	5.3		

　　从成分组成来看，该器物应是以铅为主要助熔剂的玻璃制品。

巴彦塔拉辽代遗址出土骨制品分析检测报告

王　宁[①]

（一）出土器物背景

巴彦塔拉遗址位于内蒙古赤峰市巴林右旗巴彦塔拉苏木，2011年七八月间，为配合集通铁路复线建设工程，受内蒙古自治区文物与考古研究所委托，赤峰学院历史文化学院2010级考古专业师生对该遗址进行了抢救性发掘。

在遗址北侧的墓地清理出墓葬九座，九座墓葬中，其中三号墓、四号墓、七号墓、八号墓中各出土若干骨制品，原报告称为箭囊架。现对三号墓、四号墓与八号墓中出土箭囊架进行检测分析，取样部位为断裂破损处，取样尺寸约为0.2厘米。

（二）样品处理及检测

1. 样品描述

采集部分出土骨器酥松掉落的小碎渣及小样块进行形貌观察、元

---

① 王宁：成都市文物考古研究所。

素成分分析及物相组成检测，具体检测内容见表一。

表一　样品描述及检测分析情况

序号	器物编号	样品状态描述	红外光谱分析	扫描电镜—能谱分析	X射线衍射	超景深显微观察	备注
1	M3：1	完整小块	—	—	—	√	
2	M3：2	颗粒、粉末	√	√	√	—	
3	M4：8	粉末	√	—	√	—	
4	M8：6	碎块	√	√	√	√	

备注："√"表示样品所做过的分析方法；"—"表示该检测项目未开展。

2. 表面显微观察

采用日本基恩士 VHX-2000 超景深三维显微系统对 M3：1 和 M8：6 两件骨器的残块表面进行显微观察。结果显示，M3：1 骨器样品污染严重，在 20 倍放大下清晰见其平整一侧有明显平行直线凹痕，200 倍下凹痕内缝隙中有白色粉末状物析出（图一）；M3：1 骨器弧形一侧有不规则凹坑呈现，有黑色污染物及泥土填充（图二）。M8：6 骨器表面有较为均匀的坑窝分布，似人为加工痕迹，同时表面酥粉较为严重（图三）；观察 M8：6 骨器样块的剖面，靠近拱起一侧表面的断面有大小不一的圆形、不规则状孔洞，相对一侧断面比较致密未有孔洞出现（图四）。通过显微观察可看到，骨器表面目前出现不同程度的酥粉碎化，其保存状况不乐观。

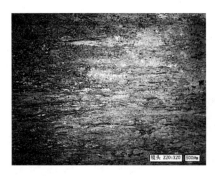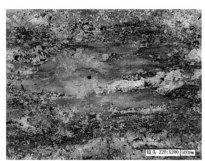

图一　M3：1骨器平整一侧表面观察

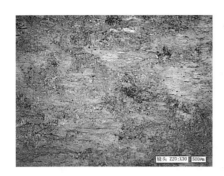

图二　M3：1 骨器弧形一侧表面观察

图三　M8：6 骨器样块表面观察

图四　M8：6 骨器样块剖面观察

3. 扫描电镜—能谱分析

运用德国 ZEISS（蔡司）公司生产的 EVO18 型扫描电镜及附带的英国 Oxford（牛津）公司 X-MAXN50MM2X 射线能谱仪，在加速电压为 20kV，测量时间 50s 的情况下对 M3：2 和 M8：6 两件骨器小

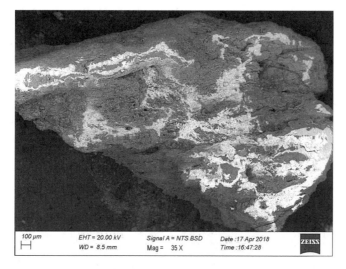

图五　M3：2 骨器颗粒状样扫描电镜背散射图像

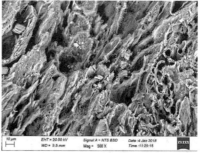

图六　M8：6 骨器样块断面扫描电镜背散射图像

样块及颗粒状样品进行显微形貌观察和微区以面扫方式进行能谱无标样定量成分分析。

通过扫描电子显微镜观察，两块样品的组织结构较为疏松，在高倍下可看到束状空心结构取向一致排列，且垂直于骨器表面，靠近骨器表面的束状组织内部呈不同程度的卷曲和团聚状，同时束状结构的断面呈现纤维状的织构，这是骨质品的特征显微结构。（图五、图六）

表二　骨器样品扫描电镜能谱分析结果

器物编号	分析部位	元素含量（wt%）											
		C	O	Na	Mg	Al	Si	P	S	Cl	K	Ca	Fe
M3：2	1	22.59	45.89	0.35	0.37	1.43	3.00	7.53	0.18	—	0.28	17.75	0.63
	2	13.74	42.84	0.23	0.36	1.34	2.69	9.85	—	—	0.35	27.74	0.85
	3	21.71	47.22	0.45	0.70	2.50	5.76	5.35	0.17	0.17	0.60	14.24	1.12
M8：6	4	8.36	42.16	0.20	—	—	—	13.20	—	—	—	36.08	—
	5	20.31	46.25	0.32	—	—	0.09	10.05	0.21	—	—	22.78	—
	6	7.64	41.52	—	—	—	—	14.02	—	—	—	36.82	—
	7	4.98	34.16	—	—	—	—	16.08	—	—	—	44.78	—
	8	6.58	40.81	—	—	—	—	15.34	—	—	—	37.27	—

备注："—"表示元素在检测范围内未测出。

能谱结果显示，在 M3：2 骨器颗粒状样块的三个不同区域检测到除碳、氧外均含有一定量的钠、镁、铝、硅、磷、硫、钾、钙、铁元素，其中钙、磷含量较高，分别达到 27.74%、9.85%，其他元素含量相对较低，大多可能由骨器埋藏环境中土壤渗入；M8：6 骨器样块不同五个区域除碳、氧外检测到钠、硅、磷、硫、钙元素，其中仅在区域 4 和区域 5 中有少量的钠、硅、硫元素，在 500 倍束状结构断面的区域 7 及 8 有较为单一且高含量的钙和磷元素，含量分别达 16.08%、44.78%，呈现出骨矿物特征元素组成。（见表二）

4. X 射线衍射分析

对 M3：2、M4：8 和 M8：6 三件骨器的小碎渣及粉末进行研磨制样，运用日本理学 Miniflex600 型 X 射线衍射仪对其进行物相分析。工作条件：CuKα 辐射，电压 40kV，管电流 15mA，射计量范围是0°—80°。

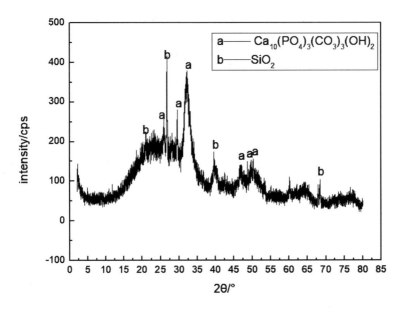

图七 M3:2 骨器样品 X 射线衍射分析谱图

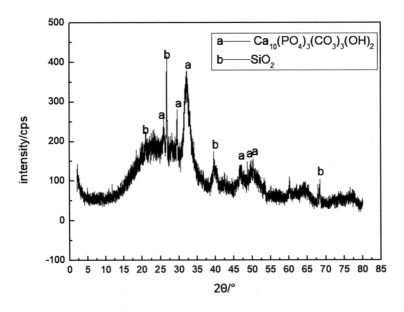

图八 M4:8 骨器样品 X 射线衍射分析谱图

  X 射线衍射分析结果显示，M3:2 骨器和 M8:6 骨器样品检测出的物相均为 $Ca_5（PO_4）_3OH$，即羟基磷灰石，为生物无机材料，骨

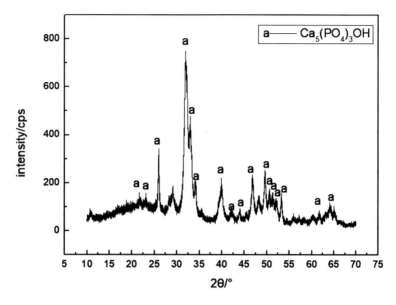

图九 M8：6 骨器样品 X 射线衍射分析谱图

骼的重要组成物（图七、图九）；M4：8 骨器样品物相为 $Ca_{10}(PO_4)_3$ $(CO_3)_3(OH)_2$，为碳酸—氢氧磷灰石（图八）。

5. 红外光谱分析

采集其中 3 件骨器（M3：2；M4：8；M8：6）的粉末样品依次编号为 1、2、3，经研磨处理后运用 specac 2T 压片机和溴化钾制成压片样。使用 PerkinElmer FT-IR/NIR Spectrometer 型红外光谱仪，在样品和背景扫描次数：16 次；分辨率 4cm⁻¹；扫描范围：400—4000 cm—1 的条件下进行红外光谱分析。

结果见图十，3 件骨器样品的红外光谱分析结果表现出极为吻合的谱峰，主要吸收峰出现 3435、1653、1454、1418、1035、872、603、563、471 cm—1 处，表现为 PO_4^{3-}、CO_3^{2-}、OH 的特征谱带：1454/1418 cm—1 双峰为 CO_3^{2-} 中 C—O 的反对称伸缩振动峰，峰较宽，分裂双峰不十分清楚，吸收强度偏低，872cm—1 为 CO_3^{2-} 面外弯曲振动，峰较弱。表明样品中存在 CO_3^{2-} 对 PO_4^{3-} 的离子取代现象，但这种取代不破坏羟基磷灰石的晶体结构；3435 cm—1 宽峰为 O—H 的伸缩振动，多个 O—H 伸缩振动峰重叠在一起，形成宽峰，而无机氢氧化物的 O—H 伸缩振动谱带比较尖锐，羟基磷灰石中 O—H 伸缩振动吸收峰位于 3572 cm—1 左右，可能因为样品分子中羟基的缔合结构发生变化，形成分子内氢键，导致 O—H 伸缩振动频率向低频移动且谱带变宽，说明磷灰石结晶状况较差，以非晶态磷灰石为主。

　　结合能谱元素分析结果，测得样品主要含有 C、O、Ca、P 等元素，推断该样品应为非晶态碳羟磷灰石和部分未完全氧化的有机物的混合物。

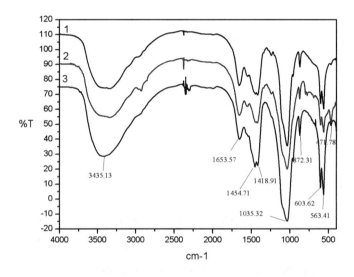

图十　M8 : 6 骨器样品 X 射线衍射分析谱图

（三）小　结

　　对巴彦塔拉遗址出土骨制品进行相关显微观察及分析检测后，了解到这些骨制品已酥粉碎化严重，其基体显微结构、成分和物相组成、红外光谱谱峰结果均表现出骨质品的一系列特征，但其具体种属判断还有待再进一步的研究。

后 记

内蒙古巴林右旗巴彦塔拉遗址是一处内涵较为丰富的辽代历史文化遗存，以辽朝墓葬遗存及出土文物为主。

2011 年，内蒙古文物考古研究所为了配合自治区实施的基本建设工程，确定巴彦塔拉遗址为考古发掘、清理的重要项目之一。本项发掘工作，由内蒙古文物考古研究所曹建恩研究员担任领队，委托赤峰学院历史文化学院实施发掘工作，2010 级考古专业学生参与了此次考古发掘工作（专业实习）。

此次发掘，自 2011 年 7 月中旬至 8 月下旬，历时一个半月。发掘完毕后，对遗址进行了全面地回填处理。发掘出土的相关资料交由赤峰学院历史文化学院进行整理研究。对发掘日志等部分工作进行整理之后，由于种种原因，其他相关研究工作延宕数年，当年参与发掘的青涩学子们如今都已奔赴各自的工作岗位。

我有幸参与了此次发掘，又主持了相关考古资料的整理与研究，并执笔本书的编写工作。至 2017 年底，基本完成对巴彦塔拉遗址墓葬部分发掘资料的整理工作，对出土文物作出描述、拍照、绘图等，就墓葬性质与年代问题进行了分析，其间还邀请吉林大学边疆考古研究中心、北京科技大学科技史与文化遗产研究院等单位对相关出土资料进行检测，从植物考古、动物考古、冶金考古以及体质人类学等方面予以综合分析。在此，谨对参与研究的单位和提供帮助的老师和同学致以诚挚的感谢！

参加巴彦塔拉遗址发掘工作的人员有：赤峰学院历史文化学院 2010 级考古学本科班 30 名学生（人员名单附后），赤峰学院历史文化学院教师任爱君、孙永刚、吉日嘎拉、张少珊、王欣、李明华；巴林右旗博物馆青格勒，宁城县辽中京博物馆马景禄，敖汉旗博物馆刘海文。

　　本书的基础文字资料由 2010 级考古学专业学生进行记录，我进行后期整理与撰写；遗迹绘图由刘海文老师指导部分实习学生现场绘制；现场照片由孙永刚、王欣老师拍摄。器物照片的拍摄由赤峰学院历史文化学院 2016 级文物与博物馆专业硕士研究生张宇与 2017 级文物与博物馆专业硕士研究生吕帆共同完成，照片的后期处理工作由吕帆完成。2015 级文物与博物馆专业硕士研究生张帅绘制了铁器的线图，其余器物线图由 2017 级文物与博物馆专业硕士研究生吕帆绘制完成，遗迹图与遗物图的后期处理也由吕帆一并完成。

　　由于自身水平所限，书中难免存在差误与纰漏，但能够将这份珍贵的资料和实物完整地呈现给学界，还要真诚感谢为本书编写和出版付出辛劳的朋友们！

李明华

2020 年 12 月于赤峰学院

　　附：参与巴彦塔拉遗址发掘的赤峰学院 2010 级考古班学生
　　　（按学号顺序排名）

武沛然	白　旭	赵　丹	韩俊丽	罗瑞珍	康晓东	张明伟
耿文丽	曾凡丽	梁美玲	孙丽华	张　琴	沈　丹	谭雨乐
高　鹰	孟春叶	卢俊霞	付　萍	齐国权	王　芳	刘艳娟
闫瑞雪	毕春雨	杨　洋	周然然	宋东方	高雁飞	白　月
庄素梅	吴雅楠	白宇娜				

责任编辑：刘松弢

图书在版编目（CIP）数据

巴彦塔拉辽墓研究 / 李明华 著 . —— 北京：人民出版社，2022.5
ISBN 978 - 7 - 01 - 024120 - 3

I. ①巴⋯   II. ①李⋯   III. ①辽墓 - 发掘报告 - 巴林右旗   IV. ① K878.85

中国版本图书馆 CIP 数据核字（2022）第 063045 号

巴彦塔拉辽墓研究
BAYANTALA LIAOMU YANJIU

李明华　著

人民出版社 出版发行
（100706　北京市东城区隆福寺街 99 号）

北京中科印刷有限公司印刷　新华书店经销

2022 年 5 月第 1 版　2022 年 5 月北京第 1 次印刷
开本：710 毫米 × 1000 毫米 1/16　印张：9.5　插页：8
字数：155 千字

ISBN 978 - 7 - 01 - 024120 - 3　定价：45.00 元

邮购地址 100706　北京市东城区隆福寺街 99 号
人民东方图书销售中心　电话（010）65250042　65289539